阿共打來這麼辦

面對中共武統　全民安全防護手冊

黃征輝
著

自序

Preface

二〇二三年十月，前國安全祕書長蘇起指出，未來五年是美國和臺灣的脆弱期，也是中國的機會期。他警告，如果民進黨總統參選人賴清德當選，可能成爲兩岸衝突的導火線。蘇起的言論似乎在提醒我們：人類的歷史，領導者的決策是關鍵；**在錯誤的時間選擇錯誤的領導人，可能會引發不可逆轉的衝突**。例如從拿破崙到希特勒，不都是因爲在錯誤的時間選擇錯誤的領導人，最終導致了不可逆轉的歷史變局？

二〇二四年五月，賴清德總統在就職演說中明確表示：「中華民國與中華人民共和國互不隸屬」。大陸官方媒體《新華社》隨即發表評論，將賴清德的演說形容成「臺獨白皮書」。這讓我聯想到：**一個清晰的立場不僅表明意圖，也為對手設下了界限**。

亞太和平研究基金會董事長趙春山，針對賴總統就職演說的內容表示：「眞正令我惶恐的是賴清德沒有講的地方」，他強調，包括沒提到中華民族、兩岸關係條例，這會讓大陸覺得臺灣是外人，雙方有文明衝突、非我族類，「未來若發生戰爭，中國人不打中國人。但最後臺灣不是中國人，那就沒完沒了」。趙春山的言論似乎在警告：**當身分認同不明確時，衝突便難以避免**。

二〇二四年六月，中國人民大學國際關係學院教授金燦榮，接受媒體專訪時說：「中國的統一進程已經啟動。」緊接著，新加坡舉辦香格里拉會壇，大陸國防部長董軍演講時強調：「中國人民解放軍始終是捍衛祖國統一、無堅不摧的強大力量，將以及時、堅決、有力的作爲遏制臺獨，確保其圖謀永無得逞之日。誰膽敢把臺灣從中國分裂出去，必將粉身碎骨、自取滅亡。」一前一後的發言說明了一道歷史鐵律：**國家行動的不可避免性，常常來自於長期的準備和決心**。

北京的決心是什麼？二〇二三年習近平在新年致辭時宣示：「祖國必須統一，也必然統一。這是七十年來兩岸關係發展的歷史定論，也是實現中華民族偉大復興的必然要求。」

二〇二四年大選結束以後，臺灣的前途交到臺獨務實工作者賴清德手中。這不禁讓人好奇，儘管中國的哲學理念是「慎戰止戰」，然以賴總統堅韌不拔的執著個性，是否會改變臺灣的命運？歷史告訴我們：**個人的決心往往和國家的命運交織在一起，共同決定歷史的進程**。在這些歷史的回聲和現實交錯下，我們怎能不對兩岸的未來深感憂慮呢？

不久前的一次餐敘，遇到前海軍總司令董翔龍上將，我才跟他敬禮問候，他脫口便說：「你別再寫臺海可不可能發生戰爭了。能不能告訴我，假如發生戰爭，我們一般民眾該怎麼辦？」

這句話如醍醐灌頂，害得我那頓飯吃得食不知味。回家後，我反覆思索，猛然警覺這段日子聊天，談話內容只要扯到兩岸，所有人都對未來四年抱持悲觀的看法。

中國的統一進程已經啟動了嗎？四年之內，武統定然會發生？果眞發生武統，一般民眾該如何應對？

如何阻止兩岸戰爭，我是狗吠火車。然而，如何面對武統，我倒有一些想法。可是，這些想法是對或錯呢？

我上網查閱大量資料，也聆聽許多專家的精闢分析。如果我同意他們大部分的觀點，今天就不會寫這本書，因爲前輩們已經提供了如此多的眞知灼見，何需再勞我贅述？

我是小說家。小說家的基本功是「設身處地」站在角色的立場，思考他們可能面對的問題，以及最合理的反應與處置。雖然我從未上過戰場，但能夠透過自己的專業，再加上想像力，幾乎身臨其境地感受戰場上的種種意外，以及民衆遭遇困難時的心理狀態。

本書的目的不僅是爲了戰時求生，更重要的是將損害降到最低。它不在教你如何抵抗入侵的敵人，而是幫助你和家人度過難關。

目錄

第3章

啟戰徵候

第4章

民眾戰前準備

第5章 臨戰行動

第6章 意外與應變

第7章 戰後規復

第 1 章

理想與現實

美中爭霸截至目前為止

中國逆風而上，美國仍需努力

我熟識的親朋好友，有一部分不關心可能爆發在兩岸的戰爭。究其原因大約分三類：

1. 不可能

共產黨是唯物主義論者，統一著重精神思想。因而自一九四九年政府撤退來臺，類似武統的口號喊了七十多年，然至今中共一顆子彈亦不曾落在臺灣。中共更關注經濟發展與內部穩定，不可能動武。

2. 沒必要

北京會以俄烏戰爭爲戒，不會愚蠢到干冒天下之大不韙，爲武統而成爲國際公敵，自毀中華民族偉大復興的偉業。所以只要臺北不獨，北京定然不武。

3. 打不久

不管什麼原因兩岸眞打起來，由於雙方軍事實力差距太大，以致較可能的結果是在國際社會反應過來以前，北京及時以速戰速決的手段完成統一使命。因而卽使武統，規模不會大，影響不會久，民衆無須過度憂慮。

以上三種觀點都有一定的論述與說服力，然而也存在某些盲點。例如，歷史告訴我們，長期的和平有時會被突如其來的戰爭打破。第二次世界大戰以前，許多人認爲歐洲大國之間不會再爆發大規模戰爭，但納粹德國的擴張激發了德國人高度的民族自信，最終引發了毀滅性的衝突。如今的中國大陸，在經歷近兩百年列強欺凌之後，快速的經濟與軍事發展，同樣激發了中國人高度的民族自信。

其次，「臺北不獨，北京不武」的想法，忽略了中國政府在面臨國家統一問題時的強硬立場。歷史上，克里米亞危機也展示了俄羅斯在面對領土問題時的果斷行動，儘管承受了國際制裁，但依然達到了既定目標。北京可能認爲，統一臺灣是實現民族復興不可或缺的一步，卽使需要付出與國際社會爲敵的代價。

第三，由於兩岸軍事實力差距太大，速戰速決看似合理，但這忽略了現代戰爭的複雜性和國際社會的干預速度。第一次海灣戰爭，伊拉克試圖以速戰速決的方式侵佔科威特，但聯合國迅速組建的多國部隊將其擊退。二〇二二年爆發的俄烏戰爭更是明鏡，俄羅斯高居全球第二大軍事實力，烏克蘭遠遠不是對手，然而戰爭至今已超過兩年。現代訊息技術和全球化的聯盟體系，使得任何試圖速戰速決的戰爭計畫，都可能面臨嚴峻的挑戰和高昂的代價。

因此，儘管這些觀點表面上有一定的道理，但歷史經驗和現實複雜性告訴我們，臺灣把未來的命運交到賴清德手中，兩岸充滿了變數，我們應該更加關注和準備，以應對可能武統的挑戰。

風起於青萍之末

古諺有云：「風起於青萍之末。」這句話的意思是，即使是十級颶風，開始時也只是微微掀起青萍擺動的微風。這種微風或許最終會消散，但當我們見到青萍微微擺動時，應該有所警覺，這可能是強烈颶風來臨的前兆。

歷史上許多重大事件的爆發，都是從看似微不足道的跡象開始。第一次世界大戰便是一個典型例子：一位奧地利皇儲的遇刺，最初的跡象似乎並不顯眼，最終卻引發了襲捲全球的巨大風暴。

因此，當我們看到看似微小的變化或不安定的徵兆時，應該保持警惕和敏感。這些小變化可能預示著即將到來的大風暴，無論是在自然界還是在人類社會，我們都不能掉以輕心。

最近兩年，美中臺之間出現了諸多徵兆，值得我們高度警惕。

首先是兵役延長到一年。這應該是所有徵兆中最值得國人憂慮的事。民進黨擅長選舉操作，任何看似難以理解的政策，往往從選票的角度便可找到答案。

回顧自政府撤退來臺以來，兵役從三年減到兩年，兩年減到一年，再從一年減到十個月，最後是四個月，歷來都是縮短而非延長。如今延長到一年，這對年輕人的選票有多大影響？對役男家屬又有多大衝擊？二〇二二年九合一大選民進黨慘敗，黨內許多人的檢討聲浪將矛頭指向兵役延長。縱然反對聲浪如此巨大，但政府仍堅定不移地落實延長兵役的政策，這足以顯示國安團隊私底下承受了多麼巨大的壓力！

從歷史的角度看，類似的決定經常預示著重大變局。例如英國在二戰前夕恢復徵兵制，正是因爲感受到來自德國的巨大威脅。同樣，現今臺灣政府延長兵役，顯示了對於外部威脅的高度警覺和準備。

此外，美國國務卿布林肯（Antony John Blinken）以及多位軍方將領，再再警告中共會加速統一臺灣。然而，這些都是意見的表達，難以與最近發生的六件事情相比：裴洛西訪臺、臺灣政策法、美國計畫將臺灣建成軍火庫、派特戰教官來臺教導城鎮戰、美臺聯合生產武器，以及通過「二〇二三財政年度綜合撥款法案」，承諾每年提供臺灣最多二十億美元融資——這六項是卽將要，或已經採取的行動。若在三、五年以前，單一事件都難以想像，最近這段時間卻一項接著一項緊密出現。

這些事態的發展，顯示了美臺關係的迅速升溫以及對中共的強烈警示。這不僅是口頭警告，而且是實質性的政策和軍事安排，表明了美國在亞太地區的戰略意圖。面對這些新的動向，我們不能掉以輕心，應該深刻認識到這些徵兆所隱含的危機。**臺海爆發戰爭的可能，如今已不是青萍之末，而是巨松的枝頭在天空劇烈搖擺**，我們還能對武統掉以輕心嗎？

美國的角色

由於臨戰的壓力前所未有，國內冒出了一群主和派，以年過五、六十歲的外省族群爲主，他們堅信兩岸應盡早談判，不管是聯邦制、邦聯制、一國兩制，或其他模式，只要能「避戰」就是眞理與王道。講起道理來他們臉發紅、眼發亮、髮尖顫顫，字字句句都是金玉良言。然而他們忽略了，世間萬事萬物皆有「理想」與「現實」之分。

臺灣實施民主政治，選票是政府施政的首要參考。再以臺灣目前的民意，由於支持獨立的聲音遠高於統一，因而儘管「兩岸應盡早談判」是洞鑒萬里之言，但受制於民意，無論哪一個政黨執政，都不敢貿然推動。

講句眞心話，若兩岸關係只存在北京與臺北，我寧可相信臺海戰爭打不起來。畢竟中國的政治人物多半深謀遠慮，這場「中國人殺中國人」的戰爭，不管誰勝誰敗，對任一方都是慘痛的傷害。可是，兩岸關係只存在北京和臺北之間嗎？

俄烏戰爭讓美國在國際「煽陰風，點鬼火」的角色原形畢露。國際間只有利益，沒有道義。現今世局之所以動盪，根本亂源在美中霸權之爭的修昔底德陷阱。美國若想維持其霸權，基本上可以採取以下三種手段：

1. 自我茁壯

這是傳統、正派的手段，透過努力讓自己更強大，將競爭對手拋在身後。可惜美國國力已經過了頂峰，儘管依然具有強大的經濟和軍事實力，但增長速度已經放緩。反觀中國，經濟發展迅速，國際影響力持續提升，因此僅靠自我茁壯這一手段難以維持美國的霸權地位。

2. 打擊對手

打擊對手就是強壯自己，這也是美國過去幾年使用的手段，包括對中國實施經濟制裁、科技封鎖，以及外交孤立等措施。然而，這些措施的效果有限，中國的經濟實力和技術創新依然迅速成長，以下是具體事例：

(1) **經濟制裁和科技封鎖**：美國對中國實施了多次經濟制裁和科技封鎖，特別是在晶片領域。然而，中國通過加大對本土芯片產業的投資和研發，逐步減少對外國技術的依賴，並且成功地在國際市場上保持競爭力。

(2) **新三樣的崛起**：中國在電動車、太陽能和電池技術方面取得了重大突破，這些新興產業被稱爲「新三樣」，在全球市場憑藉其價格優勢和技術創新，逐步占據歐洲、美洲等主要市場。

(3) **華為王者歸來**：儘管受到美國的多重制裁，華爲依然在全球通訊設備市場保持領先地位。華爲的5G技術被廣泛認爲是全球最先進的技術之一，並且在歐洲、非洲等地區依然占有大量市場份額。華爲還進一步擴展到智慧城市、智慧交通、智慧居家等新興領域，提升其在全球科技市場的地位。

(4) **電動車橫掃全球**：中國電動車在全球市場上取得了顯著成就，不僅在國內市場，還積極拓展國際市場。例如，比亞迪在歐洲和拉美市場的銷量持續增長，並且通過與當地企業合作加強市場滲透力。中國的電池技術也成爲全球市場的重要競爭力來源，許多國際車企紛紛採購中國的電池產品。

儘管美國在多方面對中國進行打擊，但效果有限。例如二〇一九年中國GDP占美國六六・七％，二〇二一年持續攀升到七八・三％。接後兩年，由於北京對疫情採取嚴厲封控，再加上人民幣匯率約貶值十五％，縱然受到兩大因素影響，二〇二三年中國GDP仍占美國六六％。這顯示美國僅靠打擊對手的手段，無法有效遏制中國的崛起。

3. 打爛世界

所謂「天下大亂，形勢大好」。這一策略在製造全球動盪，使崛起中的強權因未站穩腳跟而受到更大傷害。這雖然是損人不利己的七傷拳，但卻能有效遏制崛起中的強權。因爲現有霸權憑藉其優勢，得以決定何時、何地，發動何種形式與程度的攻勢。兩相比較，現有霸權主動進攻，崛起霸權被動防守；一攻一守，戰略態勢已定。另外，現有霸權還能將損害控管在能夠忍受的範圍之內。而只要自己不垮，就算傷害比對方重，若能拖垮對手也值得放手一搏。

如果懷疑美國眞會採取如此卑劣的手段，不妨看看現今全球五大火藥庫的近況：

(1) **俄烏戰爭**：戰前美國積極誘惑烏克蘭加入北約，迫使俄羅斯動手，進而引發戰爭。戰爭爆發以後，美國對俄羅斯實施嚴厲制裁，並對烏克蘭提供大量軍事裝備與武器，使得這場衝突持續了兩年多，至今仍看不到停火的曙光。這一系列行動顯示出美國在背後推波助瀾，進一步惡化局勢。

(2)以巴衝突：美國在中東問題扮演關鍵角色，表面上試圖推動以巴和平進程，但實際上明顯偏袒以色列。這種偏袒不僅未能解決衝突，反而加劇該地區的緊張局勢。美國的軍事和經濟援助使以色列能夠維持其強硬立場，導致和平進程一再受挫。

(3)臺海危機：華盛頓深知臺北是北京的痛點，通過對臺軍售和支持臺灣參與國際組織，甚至派遣軍事教官赴臺，訓練國軍進行城鎮作戰，陰謀在臺海打一場類似俄烏戰爭的「代理人戰爭」。美國的行動無疑加劇了兩岸關係的緊張，增加了區域衝突的風險。

(4)南海爭端：美國在南海積極推動「自由航行」行動，並與東南亞國家加強軍事合作，驅使菲律賓變本加厲地鬧事，不斷挑動南海的緊張局勢。美國的干預使得該地區的主權爭端更加複雜和激烈，成爲全球關注的火藥庫。

(5)東北亞：美國與韓國、日本在東北亞進行緊密的軍事合作，並對朝鮮施加經濟制裁和軍事壓力。朝鮮的核武器開發和導彈試射，導致該地區的緊張局勢持續升溫，二〇二四年五月與六月，甚至向南韓釋放數千枚穢物氣球。美國的政策無疑在該地區引發更多的不穩定因素。

全球五大火藥庫已經爆發了兩個，另三個蠢蠢欲動，這中間哪一個沒有美國的身影？美國到底是世界的亂源，或和平的推手？

針對反中，美臺立場一致，但**臺北反中的目的在保臺，華盛頓則試圖拖垮崛起的中國。由於目的不同，手段也就不同，力道更有天壤之別**。從近期美國對臺政策來看，直讓人感覺：倘若臺北的反中力道爲一，華盛頓卽使沒有七、八，至少也有三、四。

另外，國際局勢最近風起雲湧，好比美國持續對俄烏戰爭橫柴入灶、北溪管線遭到惡意破壞、各國貨幣因美國升息而大貶，歐洲能源飆漲，以巴衝突、加薩屠殺、南海局勢升溫……，這些事例證明，美國爲了維持其霸權地位，確實可能採取製造動盪的手段來遏制崛起的強權。

俄烏落幕，兩岸登場

身處兩強激烈競爭、美國不惜打爛世界也要達成其目標，臺北的一言一行、一舉一動都要謹慎小心。若莽撞地將安全寄託於華盛頓之手，烏克蘭是前車之鑑，美國隔著太平洋遠程遙控，若連打爛世界都在所不惜，打爛一個臺灣又怎麼會在華盛頓心上？

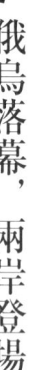

歷史已經多次證明，當美國的戰略利益受到威脅，它往往不計後果地採取激進手段，無論是對其盟友的犧牲，還是對全球穩定的破壞，這些都不能阻止其追求自身利益的決心。因此，臺北在面對美中競爭時必須有高度的警覺，不能盲目依賴華盛頓的承諾，而是應該考慮到自身的長遠安全和利益。

臺獨是北京的阿基里斯腱。培養臺獨勢力，厚植臺灣防衛力量，鼓勵人民奮戰到底，甚至不惜打到城鎮巷戰就成了美國最合情合理、省時省力，還能大賺一筆軍火財的謀略。挑起臺海戰火的時間點不能太早，至少需足夠讓臺灣武裝得如刺蝟般堅固；但也不能拖太久，因爲中國崛起的軍事實力令美國難以應對。透過情報分析與沙盤推演，誠如美前印太司令戴維森（Philip Davidson）上將指出，二〇二七年是較理想的時間點。更正確地說，**二〇二七年是華盛頓釋放足夠誘餌，迫使臺北踩踏北京所設定紅線的時間；**也是北京忍無可忍、勢必出兵武統的時間。一個完美的謀略，卻不料半路殺出了程咬金。

受到反中聯盟圍堵的中國，近幾年密切發展與俄羅斯的關係，除了習近平與普丁（Vladimir Vladímirovich Pútin）的交情益趨緊密，兩國也不斷簽署各種友好合作條約。這對美國無異是一記警鐘：如果北京採取武統，全球軍力第二大強權俄羅斯與中國站在同一陣營，美國還有幾分勝算？

如何搬走俄羅斯這塊絆腳石？和兩岸問題類似，烏克蘭正是俄羅斯的阿基里斯腱。挑起俄烏戰爭，讓俄羅斯陷入一場曠日彌久的消耗戰，即使未來普丁同意撤兵，國際經濟制裁也不會中斷。果眞如此，戰後一息尚存、嗷嗷待哺的俄羅斯，二〇二七年還能擁有什麼實力，又能發揮什麼作用？

俄烏戰爭是臺海衝突的前哨戰。那是美國老大為了清除路障，教唆北約小老弟策劃

的一盤棋。等到這盤棋落幕，接著登場的才是真正的主戲——臺海。

俄烏戰爭爆發之初，網路出現一則引人深思的貼文：

「如果黑螞蟻和紅螞蟻各一百隻，放在同一個玻璃瓶裡，瓶子靜靜不動時什麼事都不會發生。但是如果拿起瓶子用力搖動幾下，再放回桌子上，兩群螞蟻會立刻互相殘殺。紅螞蟻認為黑螞蟻是敵人，黑螞蟻認為紅螞蟻是敵人，雙方相互撕咬死傷殆盡，少數存活的螞蟻也傷痕累累。」

這個例子用來形容美中臺關係再恰當不過：瓶子裡的兩群螞蟻象徵兩岸，死命搖動瓶子的是美國。這不僅揭示了地區衝突的本質，也點出了外部勢力在挑動緊張局勢中的角色。現在請設身處地站在美、中、臺的立場，再思考以下兩個問題：

1. 美國可能不搖動瓶子嗎？

歷史經驗和現實情勢都表明，美國很少會放棄利用地區緊張局勢來達到其戰略目的。在亞太地區，美國透過軍事部署和外交手段，持續向臺灣提供軍事援助，並強化與臺灣的防務合作，這些行動無疑是搖動瓶子的行爲，意在撩撥北京的不滿。

2. 一旦搖動瓶子，兩群螞蟻可能不相互撕咬嗎？

面對挑釁和威脅，兩岸之間的敵意和不信任持續升高。美國的干預和挑動，極可能激化兩岸的矛盾，導致衝突的升級。一旦衝突被點燃，雙方必然會陷入一場難以避免的對抗，彼此撕咬，最終受害的將是兩岸的人民。

人民是庸眾

美中臺如何互動，儘管答案如此直覺、徵候如此明顯，爲何臺灣人始終看不清楚？我曾經認爲民眾之所以被迷惑，主因是知識水平低落。因而只要提升全民的教育水準，公理、正義、眞相終有彰顯的一天。我始終這麼認爲，直到看了《第三帝國興亡史》（*The Rise and Fall of The Third Reich*），這想法才開始轉變。

若說民族的優秀，日耳曼排名卽使不是全球第一，必也占前三。他們聰明、努力、團結、講究誠信、自重自律，又擁有強悍的民族性。自然而然我心底冒出一個疑問：如此優秀的日耳曼民族，二戰期間怎麼會受到希特勒的擺弄？

希特勒從一個貧民、流浪漢、士兵出身，在頗爲注重「身分」的德國社會，最後竟成爲有史以來最瘋狂、殘忍，影響人類歷史最巨大的獨裁者，這段過程不令人好奇嗎？

基於好奇，我仔細研讀《第三帝國興亡史》，看到後來才明白，人民不分優劣與教育背景，絕大部分都是盲從的庸衆。

《第三帝國興亡史》的作者威廉．夏伊勒（William L. Shirer）是美國在二戰期間派駐德國的連線記者。第三帝國興起時他全程在德國，多次聆聽希特勒激情、誘惑人心的演說，見證希特勒從落魄政客變成「帝國元首」。威廉非常清楚當時德國社會與人心的轉變，甚至跟著德軍一起進入巴黎，在德國官方宣布以前，美國人就透過他的連線廣播得知法國不戰而降。

威廉除了擁有身歷其境的寶貴經驗，更難得的是他的人脈、好奇心，以及孜孜不倦的努力。戰後，他藉著許多朋友的幫助，獲得盟軍從納粹手中繳獲的貴重文件，諸如往返電報、祕密檔案、權力核心人物的私人日記與回憶錄，再加上紐倫堡主要戰犯的證詞，某些模糊的事件還親自求證當事人，以致能揭開許多不爲人知的祕辛，忠實反映並還原歷史原貌。

讀完這本巨著，我清楚地體認到整個納粹德國，上上下下所有人當時心理的轉變；也明白爲什麼如此優秀的日耳曼民族，會允許希特勒成爲操控衆人生殺大權的獨裁者。

以威廉在德國的觀察，德國人之所以崇拜希特勒，主要原因是納粹操控了媒體與教育。納粹限制哪些新聞能登、登的內容是什麼；同時操控了教育，教導年輕人什麼是德國精神、什麼是國家意志。就因爲納粹將魔手伸入媒體與教育，使得一個曾經擁有悠久歷史，文化水準又極高的日耳曼民族，思想觀念與文化水平產生了極其噁心的退化，並且在希特勒瘋狂的領導下，幹下人類史上最醜陋、最無人性、最殘酷惡毒，集體屠殺猶太人的暴行！當時大部分的德國人，只能看到獨裁政權選擇與過濾的新聞，若非身處其間很難令人相信：許多衣冠楚楚、受過高等教育的高級智識分子，竟也在不斷重複謊言的欺騙下，對許多顯而易見的事件有全然錯誤的認知。

納粹的歷史告訴我們，**政府若能有效地操控教育與媒體，知識水平再高的人民也很容易成為庸眾**。這種類似洗腦的工作，近代更賦予「認知戰」這個冠冕堂皇、戰鬥力十足的名詞。在認知戰的大纛下，政府得以義正詞嚴、堂而皇之地進行教改，進而收買、打壓以及控制媒體。再以臺灣現今的政治生態與環境，有可能避免少數手握大權、腰纏萬貫，高坐廟堂的統治階層操縱民意？想到納粹帶領全德國人民走向毀滅的史實，誰敢寄予厚望？

遑論中共二十大，習近平打破慣例三連任，習家軍勢如破竹登上歷史舞臺。以習近平大權在握又「敢於鬥爭」的強硬個性，你對兩岸能和平解決統獨問題抱有多大的期待？

中國逆風而上

美中霸權之爭，透過經濟與外交戰，熱熱鬧鬧打了六、七年，如今到底誰起誰落，媒體各有立場，評論主觀多於客觀，一般民眾看得眼花撩亂。然而，從二〇二二年十一月G20峰會前後的活動來看，中國在國際舞臺上展現了顯著的外交成就。短短十二天，習近平和二十三位世界級領袖進行了雙邊會談，活動摘要如下頁表一。

須知，媒體爲了收視與點閱率，習慣捕風捉影，或誇大新聞內容。然而一國的領導人，底下有菁英組成的國安團隊，專長在經濟、外交、國際戰略等領域。他們的情報全

表一：習近平峰會外交摘要

2022年11月 習近平峰會外交				
項次	時間	會見領袖	國家與頭銜	場合
1	8日	蕭茲	德國總理	北京
2	14日下午	拜登	美國總統	G20會前
3	15日上午	馬克宏	法國總統	G20場邊
4	15日下午	呂特	荷蘭總理	
5	15日下午	拉瑪佛沙	南非總統	
6	15日下午	艾巴尼斯	澳洲總理	
7	15日下午	尹錫悅	韓國總統	
8	15日下午	薩爾	塞內加爾總統	
9	15日下午	費爾南德斯	阿根廷總統	
10	15日下午	桑傑士	西班牙總理	
11	16日下午	古特雷斯	聯合國祕書長	
12	16日晚間	佐科威	印尼總統	
13	16日晚間	梅洛尼	義大利總理	
14	17日下午	小馬可仕	菲律賓總統	APEC場邊
15	17日下午	李顯龍	新加坡總理	
16	17日下午	岸田文雄	日本首相	
17	18日下午	哈山納	汶萊蘇丹	

18	18日下午	阿德恩	紐西蘭總理	
19	18日下午	馬拉佩	巴布亞紐幾內亞總理	
20	18日下午	博里奇	智利總統	
21	18日晚間	瓦吉拉隆功 蘇提達	泰王 王后	曼谷 大皇宮
22	19日	賀錦麗	美國副總統	APEC 場邊
23	19日中午	帕拉育	泰國總理	曼谷 總理府

面、資訊完整、分析慎密，最終對領導人做出的建議：**是否應與習近平進行雙邊會談——在美中激烈爭霸之際，或多或少代表各國領導人不在乎美國的觀感。**

除了超高頻率的雙邊會談，兩國領導人會面時的肢體語言與互動，同樣可以看出一些端倪。例如在G20，中國與各國領導人會談，都是在北京代表團下榻的旅館舉行。而習近平與美國總統拜登（Joe Biden）會談的時候，習近平先出現在媒體之前，隨後到達的拜登滿臉笑容，小跑三步，趨前向習近平熱情地打招呼。會談結束以後，拜登回答記者時說：「我絕對相信，（中美）無須進入一個新冷戰。」

二〇二三年三月，習近平訪問俄羅斯引發國際社會高度關注，因爲這次會晤發生在俄烏戰爭持續之際，西方國家對俄羅斯實施了嚴厲的制裁。普丁在莫斯科舉辦國宴款待，結束後，兩人深夜步出克里姆林宮，在門口道別時，習近平在媒體記者前公然說：「（當今全球局勢）這是百年變局之一部分，我們共同來推動。」普丁回應：「我同意。」接著，習近平緊握著普丁的手說：「請保重，親愛的朋友。」普丁則祝福：「一路平安、一路順風。」

二〇二四年五月，普丁連任後首次出國訪問，來到北京會見習近平。這次會面象徵中俄關係的新高峰，突顯兩國在地緣政治上的緊密聯繫。國際媒體對習近平和普丁的互動表示驚訝，特別是習近平在送行時與普丁擁抱，顯示兩國領袖的深厚友誼和合作意願，並強調雙方共同應對國際挑戰的決心。

回顧歷史可以看出，國際領導人之間的會晤如何影響全球局勢。例如一九四五年雅爾答會議，史達林、羅斯福和丘吉爾三位領導人的談判決定了二戰後的世界格局。再例如，一九七二年尼克森訪華與毛澤東會晤，開啟了中美關係正常化的進程，改變了冷戰時期的國際局勢。

在當今複雜的國際環境中，領導人之間的會晤依然舉足輕重。G20峰會期間，習近平在短時間內密集會見多國領袖，不僅展示了中國在國際舞臺上的影響力，也反映出各國在美中爭霸中的立場和態度。習近平和普丁在俄烏戰爭之後的兩度會晤，向全球明確宣示：中俄結盟，西方主導的國際秩序正受到挑戰！

一葉知秋。這些小細節傳達了一個訊息：**美中爭霸截至目前為止，中國逆風而上，美國仍需努力**。

第2章 戰爭

臺灣以小博大，假如再失去道德制高點

讓國際難以抵制「訴諸血債血還」的中共

這場戰爭不戰已敗

兵者，國之大事，死生之地，存亡之道。由於戰爭的影響既深且遠，因而在發動戰爭之前，決策者務必瞭解戰爭目標？戰爭目標應該濃縮、聚焦，一旦達成，首要之務就是終止戰爭。

當然，再完美的作戰計畫也難以預測戰場的千變萬化。決策者可能因爲戰事順利而擴大戰爭目標；反之，因遭遇敵人頑強抵抗而縮小目標。但無論如何，**啟戰前設定明確的「戰爭目標」，並以「達成目標」作為「終戰」條件，是開戰之前擬定作戰計畫的基本功**。

歷史告訴我們，從二戰期間的諾曼第登陸到現代的中東衝突，成功的軍事行動往往依賴於清晰的戰略目標和靈活的戰術應對。無論是守勢還是攻勢，戰爭的每一步都必須緊扣最初設定的目標，確保在適當時機結束戰爭，避免無謂的損耗和延長。

如果臺海爆發戰爭，兩岸的戰爭目標應如下：

1. **臺北**：拒絕北京提出的統一條件。

2.北京：逼迫臺北坐上談判桌，商討以「一國兩制」爲基礎的統一方案。

戰爭形式

戰爭分無限戰爭和有限戰爭。無限戰爭旨在消滅對手的政府與統治權，目的是將對手的統治集團徹底打垮，使其「亡」；有限戰爭則在於強迫對手屈服於己方意志，只需使對手的統治集團感到「怕」。

「亡」與「怕」有很大的差異。目的不同，使用手段的力道也會不同。不過，這是基本原則。事實上，目的是目標，手段是實施方式，兩者應分開考慮，一碼歸一碼。

手段同樣可以分成「有限」與「無限」。作戰行動沒有限制，無所不用其極的是「手段無限」；作戰行動有所約束，事先設定某些不可跨越鴻溝的是「手段有限」。

大多數的有限戰爭會採取有限手段，然若情況特殊，也可能使用無限手段。其示意圖如下圖❶。

同理，無限戰爭也可以選擇無限或有限兩種手段，如下圖❷。

兩岸若爆發戰爭，從「目的」的觀點看，顯然是有限戰爭；因而合理的推論，也應採取「目標有限、傷害有限」的有限手段。但是有沒有可能，當北京嘗試各種「和平統一」的努力失敗以後，習近平抱著「敬酒不吃吃罰酒」的心情，下令中共採取無限手段呢？

這問題因立場不同而有不同的看法。但不可否認的是，中共自

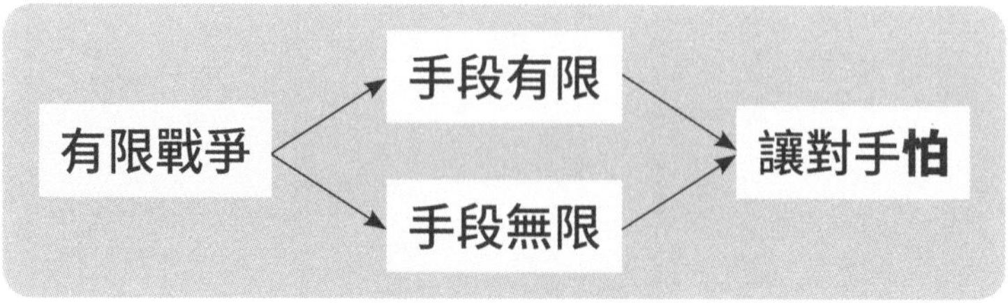

圖❶ 有限戰爭

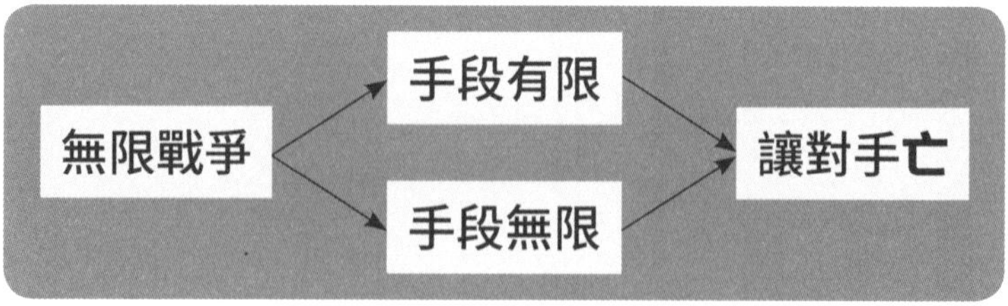

圖❷ 無限戰爭

二十大習近平三連任，中國的權力現已定於一尊。倘若北京決定武統，中共會採用「有限」或「無限」手段，習近平的意見舉足輕重。現在不妨站在習近平的立場思考以下問題：

1. 必勝把握

北京若無必勝的把握，中共可能發動武統嗎？因此，只要中共發動武統，習近平必然認爲勝券在握。

2. 規復作業

戰爭結束以後恢復臺灣民衆正常生活的「規復作業」，勢必由戰勝後的政府負責。

3. 戰後政府

誰是臺灣戰勝後的政府？完成武統後，當然是北京。因此，中共出兵武統之初，習近平已認定北京要負責「收拾臺灣的善後」。

4. 附帶損傷

既然武統必勝，戰後臺灣的國家資產，好比戰機、戰艦、坦克、機場、港口等都屬中共所有。因而只要不危及戰爭目標，中共會盡量避免所有「附帶損傷」。

這是武統會採取「有限」或「無限」手段的關鍵。現不妨暫且跳開話題，講一段我親身的經歷，或許可一窺堂奧。

朋友帶著家人外出旅遊，離家前忘了關閉烘碗機的電源，結果烘碗機因爲過熱而燒焦。鄰居聞到焦味，看到窗口冒出的黑煙，敲門沒人回應，嚇得連忙通知消防隊。消防隊來了以後一路「勢如破竹」，他們敲破窗戶，打爛大門與紗門，強力水柱沖倒了瓷器、濺濕了家具，積水從客廳淹到廚房。最終小小的黑煙使用「殺雞用牛刀」的手段撲滅了，眞正的損害卻來自消防隊。據朋友事後告訴我，修門、補窗、換客廳地氈、室內清潔、整理、重新油漆，花了他二十多萬元。

假如當時他在大廈中庭散步，收到鄰居緊急通知會怎麼處理？由於所有善後工作都必須由他負責，心裡再急，也不可能一路勢如破竹。合理的處置應是盡可能避開附帶損傷，然後把解決問題的手段聚焦於最後的目標。

也因此，只要中共認爲武統必勝，戰後臺灣「規復作業」就必須由北京負責。如果習近平有此認知，武統就不可能屍山血海，更不可能把臺灣打個稀巴爛。再具體地講，認爲自己「必勝」的有限戰爭發動者，當他思考要採取哪一項軍事行動，取決的基本原則是：**能夠達成相同目標的前提下，損傷越輕、規復作業越容易者，越會優先採用**。

舉一個例子可具體說明此原則。

中共能夠透過以下三個手段破壞臺灣的電力系統，分別是炸毀發電廠、使用石墨炸彈，以及摧毀高壓電塔。針對這三種手段，損傷與規復作業概估如下：

1. 炸毀發電廠

摧毀單一座發電廠對全臺「電力供輸」的影響有限，因而必須摧毀多座發電廠。這將會造成多少人傷亡？戰後全臺會停電多久？又要投入多少資金重建？

2. 使用石墨炸彈

使用號稱「電力網殺手」的石墨炸彈，攻擊電力傳輸節點，諸如各縣市的大型變電所。這方式雖然不會造成人員傷亡，但石墨炸彈清除作業過於冗長，成本高。

3. 摧毀高壓電塔

使用「攻陸巡弋飛彈」摧毀高壓電傳輸系統的致命節點。例如山巔的高壓電塔，單一座受損便可能影響大半個臺灣，然而事後只要幾天便可以修復，所需投入的資金也相對便宜。

以上三種手段，如果你是北京決策階層，會採用哪一種？

戰爭手段的選擇必定會考慮戰後的規復作業。以最低的損傷達成戰爭目標，既能保護戰後的重建基礎，也能爭取較多民心的支持，快速恢復正常秩序，這是明智的戰略選擇。所以，武統的「目的」與「手段」，可能關係示意圖如下。

無限戰爭不在乎「傷害」，有限戰爭卻會審慎思考戰後規復作業的難度。此推論臺獨人士可能會斥爲無稽之談，但北京在二〇〇五年公布的《反分裂國家法》第九條，明確規定當採取「非和平方式」進行統一，國家盡最大可能保護臺灣平民，以及在臺灣外國人的生命財產安全和其他正當權益，減少損失；同時，國家也會依

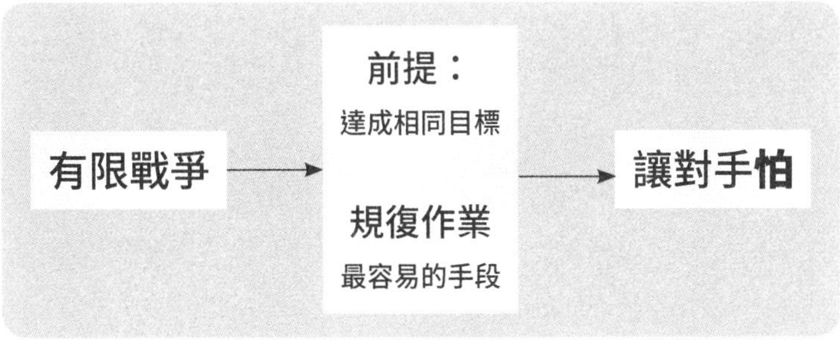

武統關係圖

法保護臺灣同胞在中國其他地區的權利和利益。

這條法律的精神在於：武力統一時，北京當盡最大可能保護民衆的生命、財產，以及相關利益。理解這一點便會明白，臺海戰爭不論是手段或目的，都會是一場「目標有限、傷害有限」的有限戰爭。

最近一段日子在與朋友討論此話題時，某些人質疑我的觀點。例如，他們認為中共的保證——《反分裂國家法》第九條，是否可信？也有朋友悲觀地認爲，武統一旦發生，臺灣必會成爲一片焦土。對此，我的回應如下：

1.「可能性」是機率的高低

假如你認爲武統會是一場有限戰爭，戰時避難就不會太複雜，只要認眞準備，便可能避免無謂的損失。反之，如果認爲戰後臺灣必成爲一片焦土，從此刻開始你應竭盡所能盡早移民；因爲當前國際形勢下，問題已經不是武統「是否」會來，而是「何時」會來。

2. 計畫性施政

中共施政的一大特色是「計畫性」，特別是重大事件，幾乎都依據事先擬定的計畫「按部就班」地推動。所以，與中共打交道，首應找出北京頒布的相關法令，接著要仔細研讀裡面的條文。

3. 政策的延續性

中共實行的不是民主選舉制，不會面對選舉後因爲政黨改變，導致整個執政團隊跟著改變的情形，相對而言，政策延續性較高。

4. 防人之心不可無

即使不信任中共，也應想方設法從相關法令中找到突破口，而不是一味拒絕，全盤否定與對抗。假如實力不足，言行卻一再挑釁，豈非自取滅亡？

理解《反分裂國家法》的精神和中共施政的計畫性，對於預測臺海戰爭的性質及其後果，有助於我們準備和應對未來的挑戰。

戰爭進程

1. 啟戰方：北京

臺灣以小博大，假如再失去「道德制高點」，讓國際難以制裁「訴諸血債血還」的中共，這場戰爭不戰已敗。因而不管什麼原因，臺灣不可率先發動第一擊。

歷史長河中，擁有道德制高點對於小國在戰爭中爭取國際支持至關重要。以芬蘭在一九三九年的冬季戰爭爲例，蘇聯在無明確宣戰的情況下入侵芬蘭。儘管芬蘭的軍事力量相對弱小，但因蘇聯被認爲是侵略者，芬蘭獲得了國際社會的同情和支援，尤其是來自瑞典、美國，以及英國等國家的軍事和物資援助。這讓芬蘭能夠在一場面對巨大軍事壓力的戰爭中堅持更長久的時間。

如果臺灣在臺海衝突中率先發動攻擊，無論出於什麼原因，將讓北京有理由把臺灣描繪成侵略者，從而削弱臺灣在國際社會的道德立場和支持。國際社會的輿論和制裁機制，會因臺灣的先發制人而受到限制，使北京得以在戰爭中占據更有利的地位。因此，臺灣必須謹慎行事，避免成為衝突的挑釁者。保持道德制高點是爭取國際支持的關鍵，也是臺灣在面對強大對手時的重要戰略資產。

2. 直指決策中樞

戰爭發動者在開戰前都會思索一個問題：戰後如何進行規復作業？也就是恢復社會秩序，讓人民重回和平安穩的日子。規復的重點一是社會秩序，二在經濟復甦。

如果戰爭目標是「摧毀」，好比日本偷襲珍珠港，規復作業全然不在考量範圍之內。

如果戰爭目標是「殖民征服」，好比二戰時日本侵略中國，由於是異族統治，規復作業的重點在「控制」人民，手段則賴「強力壓制」。人民如何恢復正常生活，那是幾年，甚至十幾年以後才要面對的問題。

但假如戰爭目標是統合兩個「文化、語言、民族」高度交錯的社會，由於戰後必須面對規復作業，因此要考量人民的感受，通常會是一場「目標有限、傷害有限」的有限戰爭。

例如俄烏戰爭，戰爭開打之初，據當時媒體報導，俄軍車隊行駛於烏克蘭的道路遇到紅燈，部分竟然會停下來；基輔郊區某小鎮，俄羅斯駐軍受不了當地居民的漫罵與驅趕，不得不把駐地移防到鎮外荒野。而烏克蘭首都基輔與白俄羅斯的距離，大約等於臺北到臺中，其間多條快速道路相連，戰爭之前烏克蘭沒有防備，俄軍可長驅直入，直接占據基輔，前後不過就是一、兩個小時的功夫。爲什麼俄軍沒有直接攻占基輔，只是駐防在基輔附近的城鎮？

因爲普丁總統有充分的自信，認爲只要兵臨城下，烏克蘭總統澤倫斯基（Volodymyr Oleksandrovych Zelenskyy）便會屈服。誠如二〇一四年俄羅斯出動大軍，不費一槍一彈，僅僅依靠兵臨城下的壓力便輕鬆收復克里米亞半島。

武統與俄烏戰爭類似，是一場有限戰爭。若留意俄烏戰爭的相關報導，即使處於戰區，政府功能諸如警消、急救、醫護依舊存在。換言之，除非臺灣政府無能失職到匪夷所思的地步，否則即便發生武統，啟戰之時社會秩序雖難免大亂，但政府的行政能力不應，也不會中斷。公務員在戰時有戰時的責任，不至於一打仗，警消失去功能，捷運、高鐵、臺鐵、電話、電力、水力、瓦斯等公司的員工一鬨而散。

話雖如此，俄烏戰爭也讓北京得到深刻的體認。俄羅斯發動戰爭之初，俄軍打的是一場有限戰爭。普丁以爲能夠速戰速決，輕忽了烏克蘭的抗敵意志，這才尾大不掉，讓自己變成國際公敵，陷入一場長久消耗戰的泥淖。

他山之石可以攻錯。北京定然會從俄羅斯的錯誤中吸取教訓。具體地說，至少包含以下兩點：

(1) 武統必須速戰速決，而且一旦動手，未達戰爭目標以前絕不停手。

(2) 爲達到速戰速決的目標，至少要把握以下兩大行動方針：

①動手必直指「決策中樞」：或是更正確地說，「拿下臺北」是啟戰後的首要目標。

②絕不心慈手軟：凡是擋在「戰爭目標」之前的障礙，竭盡全力以最快的速度拔除。

總結來說，武統戰爭的形式將會是速戰速決的有限戰爭，這不僅是爲了達成戰略目標，更是爲了在戰後能迅速恢復社會秩序和經濟運轉。不過，北京必定會從俄羅斯的失敗中學到教訓，避免陷入長期消耗戰的泥淖。

3. 局部、外科手術式打擊

武統必然由北京發動第一擊。第一擊的目標不可能鋪天蓋地攻擊全臺灣，而是選定「阻擋戰爭目標」的部分障礙。至於攻擊手段，以今日中共全域、綿密的監偵系統，輔以遠程、精準的打擊能力，理應爲針對「拔除障礙」的外科手術式打擊。

中共選擇的攻擊目標不會多；然而只要被選上，一旦動手就「行必果」，也就是在計畫時間內達成作戰目的。

一個典型的外科手術式打擊例子是一九九一年的海灣戰爭。美國聯合三十四國部隊對伊拉克發動代號「沙漠風暴」的行動。戰爭開始之初，聯軍並沒有全面攻擊伊拉克，而是選擇精確打擊伊拉克的關鍵軍事設施和指揮中心，特別是防空系統、通訊設施和主要軍事指揮部。這種精確打擊的戰術使得聯軍能夠迅速削弱伊拉克的防禦能力，並爲隨後的地面部隊攻勢創造了有利條件。

另一個現代的例子是二〇二〇年伊朗核設施遭受襲擊事件。雖然這次襲擊的細節並未完全公開，但據報導，這次行動使用了高精度的爆炸裝置，直接打擊伊朗的重要核設施。這行動展示現代軍事技術和情報能力的結合，可以在不進行大規模軍事行動的前提下，達成具體的戰略目標。

武統時，中共將會採取局部、外科手術式的打擊策略，針對阻擋戰爭目標的部分障礙進行精確打擊。這不僅得以迅速削弱臺灣的防禦能力，還能減少不必要的破壞和傷亡。在海灣戰爭、伊朗核設施襲擊等歷史案例，我們可以看到這種戰術的有效性和重要性。

4. 速戰速決

速戰速決是基本原則，而速度的快慢是一種「比較」。與開戰逾兩年的俄烏戰爭相比，三個月是速戰速決；與美國進攻伊拉克，耗時數日的波斯灣戰爭相比，三個小時是速戰速決。至於中共發動武統，北京心目中的速戰速決，至少要滿足以下三個條件：

(1) 國際勢力反應過來，以軍事力量介入以前。

(2) 強力逼迫臺北，讓國安團隊沒有猶豫、迴旋、拖延的空間。

(3) 不可陷入「比拚後勤實力」的消耗戰。

綜合以上條件，武統的最高指導是「首戰即決戰」。想要達成此目標，中共在啟戰階段必須做到：所有「作戰計畫」都能落實；所有「作戰行動」都能產生預期的效益。果眞如此，武統的作戰期程應短於一、兩個禮拜，或甚至幾天之內。

以色列在一九六七年的六日戰爭，以驚人的速度擊敗了埃及、約旦和敘利亞。以色列空軍在開戰的第一天就摧毀埃及大部分空軍力量，爲接下來的地面行動鋪平了道路。六日戰爭展示了速戰速決在實現戰略目標和控制戰爭進程中的重要性。

中共發動武統的戰略目標必將是速戰速決，以避免國際勢力的干預，逼迫臺北國安團隊迅速屈服，並防止陷入消耗戰。借鑒六日戰爭的歷史戰例，中共將確保其作戰計畫和行動達成預期效益，力求在最短時間內結束戰爭，其具體作法如下：

(1) **提前部署和準備**：開戰之前，進行全面的戰略部署和情報搜集，確保對臺灣的每一個重要目標瞭若指掌。

(2) **精確打擊關鍵目標**：開戰之後，首先打擊臺灣的指揮中心、通訊設施和防空系統，迅速削弱臺灣的防禦能力，讓臺北無法組織有效的抵抗。

(3) 強力逼迫臺北：直指臺北，以威脅和壓力迫使臺灣政府迅速做出決策，避免給國安團隊猶豫和拖延的空間。

(4) 避免消耗戰：盡力避免陷入長期的消耗戰，這意味著迅速達成戰略目標，控制戰爭進程，並確保戰爭在短時間內結束。

5. 作戰兵力：小而精、戰必勝

武統運用的兵力，大致分以下四種：

(1) 第一擊兵力：

① 手段：使用「外科手術式」打擊手段，主要以火箭軍進行遠程精準打擊，再配合大量、價廉「偵打一體」無人機，造成臺灣防衛體系「盲、聾、瘖、殘」。

② 目標：快速癱瘓臺灣的防空系統、通訊設施和指揮中樞，使其失去協同作戰和反擊能力。

(2) 拒止兵力：

① 手段：使用遠程、超高音速飛彈，威懾、摧毀任何試圖進入臺海周邊海空域的國際軍事力量。

② 目標：阻止國際勢力，特別是美國及其盟友的軍事介入，確保戰爭在中共控制下進行。

(3) 特戰兵力：

① 手段：空機降配合武裝直升機，直接跨海對臺北進行斬首行動，控制指揮中樞的特攻作戰。

② 目標：迅速控制臺北，擒拿臺灣領導層，削弱臺灣的戰略決策能力，迫使其迅速投降。

(4) 預備兵力：

① 手段：在前述行動成功的基礎上，預備兵力隨時待命，應對任何突發情況，彌補可能出現的缺口。

② 目標：確保即使出現意外情況，也能迅速應對，保持戰場的優勢，最終達成武統目標。

武統作戰兵力的運用強調「小而精、戰必勝」，通過精確打擊、快速控制和有效拒止，達成速戰速決的戰略目標。歷史戰例如六日戰爭和伊朗核設施襲擊，展示了精確打擊和迅速行動的有效性。通過這樣的戰略部署，中共可以在最短時間內達成其目標，確保戰場上的優勢，最終實現統一的目標。

攻擊目標

臺灣缺乏戰略縱深，且以今日動輒數百公里射程的武器，臺海一旦開戰，全島沒有前線與後方之分。話雖如此，由於武統是一場有限戰爭，而殺傷力最強大的「第一擊」

又以外科手術式打擊爲主，因而即使全臺都是戰場，但是中共不可能「狂轟爛炸」，在解放軍具備精準打擊的能力下，可能遭受攻擊的「軍事目標」必然有限。以下本書將根據攻擊機率高低，將潛在攻擊目標區分爲「紅（高度危險）、橘（中度危險）、黃（低度危險）」三類。

首先要說明，後述紅、橘、黃區分的原則，部分專家必定有不同看法。例如油庫、彈藥庫是重要軍品，怎麼會列在「低度危險」的黃區？若有類似疑問，請循以下兩個邏輯思考：

1. 戰爭已經開打，國軍如果還有增補油料，重裝彈藥的機會，豈不證明中共第一擊已經失敗？第一擊的目的是癱瘓臺灣的防衛系統，使其「盲、聾、瘖、殘」，而非直接摧毀所有軍事設施。

中共計畫在第一波打擊中，迅速削弱臺灣的指揮和控制能力，使臺灣無法有效防禦。只有在第一擊失敗、未能達成預期目標的情況下，油庫和彈藥庫等目標才會受到攻擊，以進一步削弱臺灣的持續作戰能力。

2. 武統「打不壞」的國家資產，戰後都將歸屬中共所擁有，因而除非屬於第一擊「必要」摧毀的目標，否則會盡可能保持完整。中共在武統計畫中，不僅考慮戰時的戰略目標，也考慮戰後的經濟和社會重建。保持臺灣的基礎設施完整，可以在戰後迅速恢復經濟運作，減少重建成本。這也是爲何一些高價值但非必要的軍事目標會被列爲低度危險區。

同樣的邏輯，可以推及類似中科院武器研發與生產單位，戰時也不至於遭到首波攻擊。別說研發工作不知要等到何年何月，大型武器的生產流程也要好幾週。假如武統拖延那麼久，無異證明第一擊已經失敗，這時北京應考慮停止攻擊。否則繼續打下去，雙方兩敗俱傷，豈不正中美國下懷？

1. 紅區：高度危險，盡快遠離

(1) 固定式雷達站：

① 說明：雷達站是首要打擊目標，目的在摧毀臺灣的早期預警和防空系統。

② 建議：固定式雷達站多半建在人煙稀疏的山巔，附近少有居民，除了駐防雷達站的官兵，一般民眾可忽略不計。

(2) 軍用機場：

① 說明：軍用機場是關鍵戰略設施，必然是精確打擊的首選。主要攻擊目標包括機場跑道、指揮塔，從而破壞戰機起降作業。

② 建議：一般民眾避免穿越機場附近的道路，周邊地區居民應盡快撤離，以避免在第一擊遭受波及。

(3) 防空飛彈基地：

① 說明：解放軍爲爭取制空權，防空飛彈基地是首波打擊的重點，如愛國者，天弓一型、二型、三型飛彈基地。

②建議：居住在這些基地附近的民眾應迅速遠離。

(4)電力傳輸系統：

①說明：摧毀電力傳輸系統會導致大規模停電，影響通訊和民生機能，進而遲滯軍事運作能力。解放軍可能使用長程攻陸巡弋飛彈，攻擊高壓電力系統的電塔。

②建議：民眾應備妥家用小型瓦斯爐，應急照明和電力供應裝置，並遠離高壓電塔附近。

(5)衡山指揮所：

①說明：作爲臺灣的核心指揮中心，衡山指揮所是首要攻擊目標。解放軍可能使用重型「穿地彈」摧毀指揮中心，或透過特戰奪取控制權。

②建議：住在附近的民眾應迅速撤離，避免在攻擊行動中遭受波及。

(6)陸軍「航空旅」：

①說明：目標爲戰鬥直升機。攻擊戰鬥直升機可削弱臺灣的空中機動能力。

②建議：居住在陸軍航空旅附近的民眾應迅速撤離。

(7)空軍在空機：

①說明：不管是已經在空或臨時起飛，一律使用對空飛彈擊毀。空中攻擊會增加附近空域的危險性。

②建議：民眾應遠離機場和軍事飛行路線，減少空戰帶來的風險。

(8)海軍艦艇：

①說明：海軍艦艇，尤其是主戰艦艇具備防空能力，將會是解放軍重點攻擊目標。

②建議：居住在軍港或航道附近的民眾應遠離此區域，以避免可能的攻擊。

(9)資通電軍指揮部：

①說明：這些設施是網路戰爭的指揮中樞，攻擊這些設施旨在癱瘓臺灣的網路和通訊能力。

②建議：周邊居民應保持警惕並準備撤離。

⑽ 國防部電訊發展室：

① 說明：負責國防通訊技術發展的核心設施，此類設施將是電子戰的首要目標。

② 建議：附近民眾應遠離此敏感地區。

⑾ 全臺各電偵站：

① 說明：這些設施負責電子偵察和情報搜集。解放軍爲削弱臺灣的情報搜集能力，電偵站會成爲首波攻擊目標。

② 建議：附近民眾應保持警惕並準備撤離。

臺灣的防空設施、海軍防空飛彈、指管系統將成爲武統第一擊的主要目標。由於武統是一場有限戰爭，爲避免波及無辜，中共會使用精準武器。縱然如此，臺灣民衆仍應盡量遠離這些高危險區域，提前做好應急準備，以減少戰爭帶來的傷害和風險。

2. 橘區：中度危險，不要接近

(1) 移動式雷達車：

① 說明：這些車輛可快速部署，用於戰場監控和早期預警。爲削弱臺灣的戰場感知能力，解放軍會優先攻擊這些雷達車。

② 建議：居住在基地附近的民眾應避免接近，若看到雷達車駛來，盡可能朝反方向遠離。

(2) 移動式飛彈發射車：

① 說明：可快速部署和撤離的飛彈發射系統，具有高機動性。爲削弱臺灣的防衛能力，這些車輛將是解放軍攻擊的重點。

② 建議：居住在基地附近的民眾應避免接近，若看到飛彈車駛來，盡可能朝反方向遠離。

(3) 民用機場：

① 說明：戰時民航機勢必被迫停飛，解放軍可以攻擊空曠的機場跑道，以阻止任

何民用或軍用飛機的起降，削弱臺灣的空中防衛、運輸和支援能力。

②建議：民用機場寬廣，誤炸到附近民宅的機率不高，但附近居民也要留心，並避免在戰爭爆發後接近或前往機場。

(4)軍港：

①說明：使用東風導彈、遠程多管火箭、偵打一體無人機，攻擊停泊在港內的軍艦。

②建議：居住在軍港附近的民眾，若距離戰艦靠泊的碼頭太近，應盡早撤離。

(5)岸置攻艦飛彈基地：

①說明：海軍海鋒大隊雄二、雄三、魚叉飛彈基地，屬於「刺蝟戰」的主力，然因非防空力量的一環，不應爲第一波攻擊的目標。

②建議：居住在基地附近的民眾，視距離遠近考量撤離。

(6)北基桃空軍防炮陣地：

①說明：北部是臺灣政治中樞，防炮陣地是機場自衛的重要設施，中共雖也會列

爲優先打擊目標，然因防炮陣地的面積小，比不過寬廣、漫長的跑道，故列爲次要攻擊目標。

②建議：防炮陣地必然遠離民眾住宅區，附近居民不要接近。

(7)北部陸軍駐地：

①說明：若想速戰速決，中共會迅速控制或摧毀北部陸軍駐地。攻擊這些駐地可以削弱臺灣北部地區的陸戰能力，從而降低臺灣軍民的抵抗意志。

②建議：居住在北部陸軍駐地附近的民眾，若發現部隊動作連連，應盡早撤離。

(8)國防部部本部：

①說明：這是臺灣軍事指揮和控制的核心，攻擊這裡可以大幅削弱臺灣的戰略決策能力。

②建議：居住在國防部附近的民眾，不要向危險區接近。

(9)國防部參謀本部：

①說明：攻擊參謀本部可以干擾臺灣的作戰指揮和協同作戰能力，對臺灣防禦造

成重大影響。

②建議：參謀本部位於國防部營區裡面，居住在附近的民眾，不要向危險區接近。

⑽空軍作戰指揮部：

①說明：這不是空軍司令部，而是作戰指揮部。攻擊作戰指揮部可以削弱臺灣空軍的指揮和控制能力，影響空中作戰的戰力。

②建議：居住在附近的民眾應盡早撤離。

⑾海軍司令部作戰中心：

①說明：臺灣海軍的作戰指揮中心。攻擊這裡可以削弱臺灣海軍的指揮和協同作戰能力，影響海上防禦的戰力。

②建議：居住在附近的民眾不要向危險區接近。

橘區目標雖然風險較紅區低，但仍然是中共可能進行打擊的重點。這些目標包括移動式軍事設施、民用和軍用機場、軍港、主要指揮機構等。民眾應避免接近這些區域，以減少戰爭風險和人員傷亡。

3. 黃區：低度危險，若戰況不如預期便可能遭受攻擊

(1) 軍用油庫：

① 說明：若戰況不如預期，攻擊油庫可以削弱臺灣軍隊的燃料供應，影響軍事運作和後勤支援。

② 建議：油庫遭受攻擊可能會引發爆炸，進而造成火災，影響空氣品質，居住在附近的民眾應盡早撤離。

(2) 彈藥庫：

① 說明：攻擊彈藥庫可以削弱臺灣的彈藥供應，影響持續作戰能力。

② 建議：彈藥庫爆炸的威力超過油庫，居住在附近的民眾應盡早撤離。

(3) 陸軍司令部：

① 說明：攻擊陸軍司令部可以進一步削弱臺灣陸軍的作戰指揮和協同能力。

② 建議：居住在附近的民眾應盡早撤到危險線之外。

(4) 海軍司令部：

① 說明：攻擊海軍司令部可以削弱臺灣海軍的作戰指揮和協同能力。

② 建議：居住在附近的民眾應盡早撤到危險線之外。

(5) 空軍司令部：

① 說明：攻擊空軍司令部可以削弱臺灣空軍的作戰指揮和協同能力。

② 建議：居住在附近的民眾應盡早撤到危險線之外。

(6) 高鐵系統：

① 說明：若戰況不如預期，攻擊高鐵系統可以阻斷快速交通運輸，影響軍隊和物資的調動能力。

② 建議：人員密集的市區，遭受攻擊的機率不高。然而郊區，特別是高鐵通行的

橋梁，民眾應避免接近。

(7) 臺鐵系統：

① 說明：攻擊臺鐵系統可以削弱臺灣內部的物資運輸和人員調動能力，製造後勤支援的難度。

② 建議：人員密集的市區，遭受攻擊的機率不高。然而郊區，特別是臺鐵通行的橋梁，民眾應避免接近。

(8) 高速公路：

① 說明：攻擊高速公路可以削弱臺灣內部的機動能力，影響軍隊和物資的快速調動。

② 建議：避免行駛高速公路，尤其是郊區的橋梁路段。

(9) 快速道路：

① 說明：攻擊快速道路可以進一步削弱臺灣內部的交通運輸，增加軍事調動和物資運輸的困難。

②建議：避免行駛快速道路，尤其是郊區的橋梁路段。

⑽民用港口：

①說明：攻擊民用港口可以削弱臺灣的海上物流和供應鏈，嚴重影響經濟運作。

②建議：民用港口在戰時可能靠泊軍艦，若有可能，附近居民應盡早撤離。

⑾煉油廠：

①說明：攻擊煉油廠可以削弱臺灣的能源供應，對民心士氣打擊甚大，且可進一步影響經濟運作和軍事後勤。

②建議：煉油廠若遭受攻擊，除了火勢與爆炸，更麻煩的是環境污染，附近居民應盡早撤離。

⑿陸戰隊駐地：

①說明：攻擊陸戰隊駐地可以進一步削弱臺灣的地面防禦能力。

②建議：陸戰隊裝備不如陸軍，除非打城鎮戰，否則遭受攻擊的機率低於陸軍基地。若戰況持續拖延，一時看不到兩岸緩解的跡象，建議盡早撤離。

⒀ 全臺陸軍駐地：

①說明：北部陸軍駐地會先遭受到攻擊。若戰況持續進行，攻擊全臺陸軍駐地可以進一步削弱臺灣的地面防禦能力，特別是城鎮戰的能力。

②建議：戰爭打到這地步，全臺幾乎血流成河，不管你住在哪裡，最好直接前往深山地區躲避。

黃區目標雖然風險較低，然若戰況不如預期，中共可能會攻擊這些目標以增加壓力，削弱臺灣的持續作戰和後勤支援能力。這些目標包括軍用和民用設施，如油庫、彈藥庫、各軍種司令部、交通網絡、民用港口和煉油廠等。民眾應保持警惕，避免接近這些區域，以減少戰爭風險和人員傷亡。

表二：武統可能攻擊的目標

紅區	橘區	黃區
固定式雷達站	移動式雷達車	軍用油庫
軍用機場	移動式飛彈發射車	彈藥庫
防空飛彈基地	民用機場	陸軍司令部
電力傳輸系統	軍港	海軍司令部
衡山指揮所	岸置攻艦飛彈基地	空軍司令部
陸軍航空旅	北基桃空軍防炮陣地	高鐵系統
空軍在空機	北部陸軍駐地	臺鐵系統
海軍艦艇	國防部部本部	高速公路
資通電軍指揮部	國防部參謀本部	快速道路
國防部電訊發展室	空軍作戰指揮部	民用港口
全臺各電偵站	海軍司令部作戰中心	煉油廠
		陸戰隊駐地
		全臺陸軍駐地

粗略、武斷地將「被攻擊目標」分成三類，實在是「化繁為簡」的不得不。戰場瞬息萬變，細究起來難以規劃一個妥善的方法。

除了前述紅、橘、黃三個區域，其他地點就安全了嗎？很抱歉，只要在臺灣，沒有一個地點能夠保證百分之百的安全。因為不管武器多麼精準，終究有故障、誤擊的時候。其實，故障率還是次要的，令人憂心的是國軍可能實施「自衛還擊」。還擊若使用火炮，射程約數公里；若使用飛彈，射程可達數十公里。還擊如果失敗，友軍發射的炮彈會落到哪裡？如果命中，敵方被擊落的飛彈殘骸又會落到哪裡？

話雖如此，但畢竟被友軍誤擊，或飛彈殘骸掉落頭頂的機率不高。因而謹慎小心確有必要，但無須過度憂慮，尤其不要有「樣樣都防」的想法。別忘了「樣樣都防」就是「樣樣無防」，而且這世界根本不存在密不透風的防衛系統。

儘管中共的攻擊會避開民間目標，但國際間不安好心，試圖擴大兩岸戰火的「第三方」必然存在，有無可能偷偷發射導彈，無情地攻擊醫院、學校，或是人潮聚集的車站與商場？或甚至國軍還擊的火炮誤擊民間目標？

果真發生這種事情，由於戰時一片混亂，真相難以大白；而處心積慮要凝聚全民抗敵意志，採取積極報復手段的政府也未必會說出實情。處於這種混亂、真相難辨的時刻，國人不妨依序思考以下四個問題：

1. 第三方勢力的影響

國際局勢複雜的背景下，某些勢力可能試圖擴大兩岸戰火，發射導彈攻擊民間目標。歷史上，第三方勢力利用衝突機會製造事端的案例歷來都有。例如，冷戰期間的一些代理人戰爭，第三方勢力常常通過製造混亂來推動自己的進程。因此，臺海衝突中不排除有類似的可能性。

2. 友軍還擊的誤擊風險

國軍的自衛還擊有可能因誤擊造成民間目標受損。自衛還擊是正當的，但是在混亂的戰場環境中誤擊在所難免。伊拉克戰爭和敘利亞內戰，都曾發生政府軍和反政府勢力的火炮或飛彈，誤擊民間目標的意外情況。

3. 戰時訊息混亂，真相難明

戰時訊息混亂，敵我雙方必定各說各話。例如俄烏戰爭期間，兩方在訊息戰中各自宣稱對方攻擊平民目標，甚至有專業團隊製造虛假的宣傳影片，而實際情形卻難以查證。臺海衝突類似情況必然會出現，導致民眾難以分辨眞假。

4. 保持冷靜與理性思考

面對可能的攻擊，民眾應保持冷靜，理性思考中共是否會攻擊民間目標？中共若發動武統，目標在於迅速達成戰略目的，因而會避免激化國際社會對北京的譴責，然而對民間目標大規模攻擊並不符合其戰略利益。歷史上，大國在有限戰爭中，一般會避免對非軍事目標進行無差別攻擊，以免激起更大範圍的反抗和國際制裁。

戰時大部分資訊都眞假難辨，國人應避免過度恐慌和誤判，而以歷史經驗爲鑑，保持冷靜與理性，制定合理的防護措施是應對戰爭風險的最佳策略。不過，開戰之初多半能保持冷靜與理性，戰爭一旦進入長期消耗戰，時間拖得越長，敵我雙方就會變得越不理性。好比臺灣若能採取有效的反制措施，戰況不如北京預期，解放軍遭受重大損失，雙方打得面紅耳赤，指揮官再也不管什麼是有限戰爭、什麼是仁道主義、什麼是同胞之愛，戰火迅速擴大，「黃區」瞬間提升到「紅區」也不是沒有可能。

另外，戰場情勢變化迅速，原本住在鄉間，四周除了農舍田地，沒有一個與軍事有關的設施。不幸戰時愛國者機動飛彈車躲藏到附近，原本的「安全」乍然間便升級至「紅區」。所以，要仔細評估住處附近是否安全，別單看平時，要思考戰時的轉變。假如平時軍隊進進出出，或住家附近有極佳隱蔽與躲藏的場所，戰前尋找一個狡兔三窟的避難所，必然是安全自保之道。

戰爭環境中，固定的安全評估標準可能隨時失效，動態風險評估至關重要。民眾應保持警惕，根據戰況變化調整避難策略，提前規劃多個避難所，並進行定期演練，是確保戰時安全的有效方法。

最後討論一個現實問題：對於駐守紅區的職業軍人，戰時該如何應對？

我曾經身爲職業軍人，依據我的信念只有一句話：當一天和尙，撞一天鐘。若不想上戰場，當初就不應從軍；如果現在才後悔，請立刻打報告退伍。養兵千日用在一時，當國家需要你的時候，怎麼能夠退卻？不過，再是勇敢，自保的措施也不能少。駐守紅區的軍人應做好以下準備：

1. 戴牢鋼盔，穿緊防彈衣

保護自身的基本裝備必不可少。鋼盔和防彈衣可以有效減少彈片和輕武器的傷害，是戰時保護自身的重要裝備。

2. 研究緊急避難所與路線

事先熟悉周圍的緊急避難所和撤離路線，確保在遭受攻擊時能迅速前往避難場所，減少暴露在敵人炮火下的時間。

根據過往戰例，精確打擊往往集中在初期攻擊階段，達成戰略目標後敵方會轉移打擊重點。因此，駐守紅區的軍人在首次攻擊過後，應密切關注戰況變化，並適時調整自保措施。以今日中共全域、綿密的監偵能力，其攻擊策略主要集中在摧毀關鍵軍事設施，一旦達成目標就不會浪費飛彈重複攻擊。因而這時的「紅區」，可能會變得比鄉野還安全。

對於駐守紅區的職業軍人，戰時的應對策略應基於堅定的信念與責任感，同時兼顧自身的安全防護。戴牢鋼盔、穿緊防彈衣，研究緊急避難所與路線，都是基本的自保措施。瞭解中共的攻擊策略，一旦紅區的關鍵設施被摧毀，該區域的風險將顯著降低。因此，職業軍人應保持警惕，靈活應對，不僅要在戰場上堅守崗位，更要在保障自身安全的基礎上完成使命。

第 3 章

啟戰徵候

一旦啟戰，戰爭魔獸釋出

牠會往哪個方向奔進

可能連飼主也無法控制

沒有人能夠精準地預測戰爭何時會發生。卽使像美國這樣的強權，擁有無孔不入的情報機構，在俄烏戰爭爆發前，也曾兩度錯估俄羅斯的啟戰時間。而卽使是處心積慮發動戰爭的普丁，如果在啟戰的前一晚，澤倫斯基保證不會申請加入北約，美國也公開宣稱絕不會容許烏克蘭加入北約，這場一觸卽發的戰爭不也可能得以避免？

歷史上，許多戰爭的爆發都充滿了不確定性。例如，一九一四年爆發的第一次世界大戰，許多國家都未曾預料到，最初的幾起小事件會引發如此大規模的衝突。相似地，一九三九年第二次世界大戰的爆發，儘管有多次警告和徵兆，最終的開戰時間和方式仍超出許多專家的預測。

決定啟戰的因素千絲萬縷，變化往往在瞬息之間。除非某一方明確地向對方宣戰，否則所有徵候都只是一種警示。警示越多，開戰的可能性越高。然而再多的警示，也不保證必然開戰。但假如對警示視而不見，結果可能是兵敗如山倒，人民必須付出生命與財產的慘痛代價。

臺海戰爭是否會發生，隨著美中霸權之爭的激烈化，警示越來越多，臺灣應有適當的準備，以免戰爭來臨時全民驚惶失措、手忙腳亂。準備的第一步，當然是注意啟戰前可能出現的徵候。儘管歷史和現實都告訴我們，預測戰爭的準確性極低，但這並不意味著我們可以忽視警示信號。相反的，我們應該謹慎應對，做好準備，以避免悲劇的發生。

政府戰爭準備

如果想瞭解什麼是啟戰徵候，首先需研究：意欲發動戰爭的政府，啟戰前會做哪些準備工作？一旦掌握這些準備工作的細節，就可以更好地識別潛在對手的戰爭意圖。以下分析是針對「計畫性」的戰爭，而非因突發事件被迫捲入的衝突。總的來說，政府在發動戰爭前，通常會進行以下幾方面的準備：

1. 經濟方面

俄烏戰爭爆發後，歐盟和美國凍結了大量俄羅斯資產，並將許多俄羅斯政府高官及其關係密切的寡頭富豪列入制裁名單。據報導，俄羅斯近半數的黃金和外匯儲備已被凍結，總值約六千四百億美元，被凍結的俄羅斯富豪資產也接近三百億美元，內容包括房地產、遊艇、飛機和藝術品等。這個例子表明，未來的戰爭即使非交戰國，敵對陣營亦可找盡理由與藉口，粗暴地凍結甚至沒收對方政府與私人的資產。爲防範戰爭引發的經濟損失，戰前必然會減少對於敵對陣營的資產與投資。

2. 戰備物資

無論預計戰爭的形式如何，一旦開戰，戰爭魔獸釋出，其走向無法預測。爲應對最糟糕的情況，戰前必須儲存充足的戰備物資，例如能源、彈藥、血漿、屍袋和棺材等。政府還需預先調節和管控民生必需品，諸如米糧、速食、醫藥和飲用水等，以維持戰時社會秩序的穩定。

3. 政治方面

現今戰爭已演變成超限戰，手段不僅僅是軍事行動，還包括政治和輿論戰。爭取民心和掌握道德制高點是必然之舉。政府會發動大規模的輿論攻勢，煽動人民對特定對象的仇恨，進而將戰爭合理化。強大的輿論攻勢可以改變民意，使人民支持戰爭或至少不反對戰爭。因此，戰前必然會發動鋪天蓋地的輿論攻勢，詆毀敵方，打擊對手的領導核心，並爭取國際盟友的支持。

所謂「師直為壯」。啟戰除了要有「意圖」與「能力」，更要找一個堂而皇之的「藉口」——錯都在對方，不在我；之所以啟戰，不是「我想」，而是爲了公理正義而「不得不戰」。

4. 作戰計畫

戰爭爆發前，決策高層會頻繁召開會議，律定啟戰與終戰條件，詳實審查作戰計畫及相關應變計畫。參與會議的除了執行單位的國防部官員，還包括擁有「啟戰決定權」

的中央領導。

5. 作戰訓練

勝利取決於準備之日。決策階層一旦核定作戰計畫，相關單位便會依照作戰想定舉辦頻繁的演訓，包括民間單位的救災防治，緊急避難所的規劃與設置，以及作戰單位的戰鬥技能訓練，例如迅速集結、機動移防和模擬攻擊。這些訓練通常會以「演訓」爲名，掩人耳目。演訓是大規模軍隊調動絕好的障眼法，實兵實彈操演又能讓軍隊進入更佳的臨戰狀態。歷史上許多戰爭都是以演訓爲掩護，例如二〇一四年克里米亞戰役，俄羅斯軍隊通過演習讓烏克蘭失去警戒，最終輕鬆取得克里米亞。

6. 部隊集結

根據戰爭規模，參與作戰的部隊必須在戰前於適當地點集結，如戰機、戰艦、長程火炮、遠程飛彈和無人機等。除非公然宣戰，否則通常會以演訓之名掩護，待大軍出動再視情況「由演轉戰」。集結的大軍到底是單純爲了演訓，或是「由演轉戰」的煙霧彈，單看軍隊本身的動態難以定論，此時需配合情報，特別是敵後情報才能獲得較正確的答案。

武統啟戰徵候

前述分析適用於各國戰爭準備的標準流程，若套用在臺海，北京發動武統的啟戰徵候可能如下：

1. 經濟方面

中國會大幅降低持有的美國國債，外匯儲備轉投資「非敵對陣營」的幣值，或是直接購買黃金。即使爲了避人耳目而未大規模轉投資，也不可能反向操作。然而，美國持有大量中國資產並不代表北京不敢發動武統，這取決於雙方各自掌握對方多少資產。因爲，既然你能沒收我的資產，自然我也能沒收你的資產。至於雙方各持有對方多少資產，僅看媒體報導，一般民衆恐不易獲得眞相。這時不妨參考以下指標：

(1) 美債持有量：這有公開資料可查，觀察每月減少的比率是否增加。

(2) 外資撤離臺灣：大型外資公司無重大經濟因素，好比美元利率升高、國內遭逢重大疫情等，外資卻大量撤離臺灣，造成股市大跌。

(3) 中資撤出美國：多家大型中資企業同時減少美國投資，或甚至主動撤離美國市場。

(4) 國際能源、金價、糧食期貨大漲：反映全球市場對衝突的擔憂。

2. 戰備物資

若北京蓄意隱瞞，外界恐不易窺知中共戰備物資的準備情形。所幸武統不同於傳統戰爭，畢竟中共始終未放棄和平統一的努力，因而出其不意地發動武統的機率不高。較可能的情形是北京事先透過媒體，高調宣稱已備妥多少戰備物資，一來在展現不惜放手一搏的決心，二來可威嚇臺北坐上談判桌。

不過要留意，如今媒體爲了點閱率，報導內容喜愛跨大。看到這類媒體的新聞，參考就好。但假如是中共官宣媒體，好比說《人民日報》、《新華社》，或甚至官方發言人公開講話、政府正式公布的新聞稿，那就有嚴重的警告意味。

反過來，站在美國的立場，緊急增加臺灣戰備物資存量也是徵候之一。不過，處心積慮挑起兩岸衝突是美國的基本策略，因而別說是啟戰之前，卽使平時，美國也會建議增加臺灣軍火儲備。

3. 政治方面

北京會在國際詆毀臺灣政府的形象，諸如越來越不民主，貪腐嚴重、控制輿論、效率低落、民心盡失。至於對內，一是加強反獨力道，批判臺獨頑劣分子數典忘祖，國臺辦還會制訂相關法律，以便統一後清算臺獨分子於法有據。二是宣揚中華民族偉大復興，統一大業是「中國夢」不可或缺的一部分。另外，北京會明確區分「臺灣人與臺獨分子」，例如由總書記公開發表「告臺灣同胞書」，強調統一不是你死我活的鬥爭，而是爲了打擊一小撮臺獨頑劣分子，並重複保證「臺人治臺」五十年不變的一國兩制。

類似的話語過去四、五十年，北京從未中斷過，啟戰前和過去幾十年的差異，是出現的頻率明顯增加，語氣更加強硬，放話人的身分也更具代表性。

誠然，「頻率明顯增加、語氣更加強硬、身分大幅提高」都是形容詞，缺少具體的衡量標準。這時不妨參考各國的撤僑計畫。畢竟全球都關心臺海戰爭，尤其是有大量僑民在臺工作或讀書的國家。國家級行動必然具備足夠代表性。例如某國發布「旅臺禁令」，或是執行撤僑計畫；北京斷絕小三通、大三通，並對臺下達最後通牒……，若短時間內接連發生類似事件，兩岸可說是進入「準戰爭」狀態。

縱然發展至此，也未必代表戰爭無可避免。此時臺北若同意坐上談判桌，劍拔弩張的對峙剎那間便可能化解。

4. 作戰計畫

北京發動武統的流程，依《反分裂國家法》第八條的規定，由國務院、中央軍事委員會規劃、決定、實施，並及時向全國人民代表大會常務委員會報告。當這些中央領導不尋常地同時在媒體消失一段時間，中央又頻頻發出「反獨促統」相關新聞，那就值得臺北警惕。反之，如果總書記、國務院總理，或國防部長出國訪問，中共發動武統的機率就低。

如此推論，似乎有點武斷。但換個角度看：中共發動武統，由於事關重大，中央軍委主席必然坐鎮指揮，國務院總理處理國內大小事務，國防部長調度戰場軍隊。另外，在中共發動第一擊之後，爲安撫兩岸民心，總書記應在最短的時間內發表談話。因而不管如何，只要總書記不在北京，特別是出國訪問的時候，中共發動武統的機率便大幅下降。

5. 作戰訓練

爲了提升軍隊臨戰素質與經驗，大規模、頻繁、實兵實彈軍演，是武統發起前必定出現的徵候。且不管如何隱蔽、保密、僞裝，臺灣與美國不可能毫不知情。至於觀察這些演訓的重點，首在過去幾年相同規模、相同科目的演訓存在嗎？前後對比，找出其中差異，是研究軍演與武統關係的主要參考。如果是歷年來第一次，或驟然加大幅度、增加頻率，無形間都在傳達危險的訊號。

爲了警告可能介入的國際勢力，中共可能會舉行海上實彈操演，以超高音速導彈攻擊位於臺灣東部海域的靶船。北京甚至會將導彈擊沉靶船的影片公諸於世。果真如此，中共在明確警告，中國有能力在第一島鏈內「拒止」試圖干預武統的國際海空兵力。

甚至更進一步，中共展示核武攻擊的報復能力。例如使用最新型戰略核潛艦，發射射程超過一萬公里，能夠直接攻擊美國本土的巨浪型彈道飛彈。

6. 部隊集結

現今監偵系統的能力上天下海，即使臺灣能力有限，在美國的協助下也有一定能量。中共想要隱蔽大規模部隊的移防與集結，幾乎是不可能的任務。但異常集結是爲了演訓，或試圖以演轉戰，除了透過情報搜集與分析，實在難以論斷。

爲了速戰速決，中共可能選擇優先逼迫臺北坐上談判桌，因此會以空軍和火箭軍爲主，對臺灣進行高強度打擊，試圖迅速削弱臺灣的防禦能力。至於海軍，主要負責封鎖臺灣海域，阻止外國干預和臺灣的物資補給。大規模陸軍登陸作戰由於風險和成本過高，會被列爲最後的選項。只有在其他手段無法達成目標時，中共才會考慮全面登陸作戰。因而當媒體報導解放軍空軍或火箭軍向東南移防，特別是如果這些報導來自權威媒體或官方管道，不論有無其他徵候，臺灣應高度重視並加強防範措施。

不可跨越的紅線

前述六類徵候都是警示的一種，有的嚴重，有的輕緩，不管同時出現多少，都不能代表武統的必然。然而，這些「警告意味濃厚」的徵候之外，《反分裂國家法》第八條明確規定了中共可能採取「非和平方式及其他必要措施」的三種情況：

《反分裂國家法》明訂的三條紅線：

(1) 臺獨分裂勢力以任何名義、任何方式，造成臺灣從中國分裂出去的事實。

(2) 發生將會導致臺灣從中國分裂出去的重大事變。

(3) 和平統一的可能性完全喪失。

這三個條文看似簡單，但解釋空間很大。不幸的是，解讀與認證的權力在北京。什麼是臺北不可跨越的紅線？參考兩岸專家與學者的分析，本書概要歸納如下：

臺北不可跨越的六條紅線：

(1) **臺北公然宣布獨立**：這是最直接、公然的挑戰，北京發動武統的機率最高。

(2) **臺灣計畫舉辦獨立公投，且民調多數支持獨立**：這顯示臺灣社會強烈的獨立傾向，可能被視爲分裂的先兆。

(3) **臺灣進行修憲，固有疆域剔除大陸**：這等於正式從法律上否定「一個中國」的存在。

(4) **美軍正式駐臺**：這不僅是臺灣走向實質獨立的象徵，也意味「外部勢力」直接干預臺海局勢。不過要說明，所謂「駐臺」意謂美軍有正式的基地與設施，而不是派教官來臺，協助國軍訓練。

(5) **美臺正式建交**：這將打破現有的外交格局，破壞「一中政策」的基礎。

(6) **美計畫提供臺灣核武**：這將極大地改變臺海軍事平衡，對北京構成直接且嚴重的威脅。

除此之外，學者專家還提出其他紅線，例如臺灣加入聯合國、重啟核武研發、使用軍事手段攻擊大陸等。由於這些紅線的可能性甚低，因而本書未將其列入考慮。

需要注意的是，前述六條紅線，後三條掌握在華盛頓手中，前三條若無華盛頓的支持，臺北不敢冒然推動。反過來看，如果華盛頓堅持推動其中某一項，臺北有能力拒絕嗎？這顯示臺灣的國防與命運，很大程度掌握在美國的手中。

以目前臺灣政府親美抗中的政策來看，**臺灣的國防幾乎完全依賴美國，命運也因而受制於美國的戰略設計**。美國在國際上「煽陰風，點鬼火」的角色，使得臺灣人在面對臺海局勢時，不能不感到心驚膽戰。因此，臺灣必須保持高度警覺，密切關注各種徵候，及早做出相應準備，以避免陷入不可挽回的境地。

啟戰徵候包羅萬象，爲提綱挈領做個歸納，本章仿傚第二章，將各種徵候表格化，並同樣區分成「紅、橘、黃」三區，分別代表啟戰機率的「高、中、低」。

表三：臺海戰爭的啟戰徵候

紅區	橘區	黃區
臺北公然宣布獨立	中共戰機向東南移防	中共陸軍向東南移防
臺灣進行修憲，固有疆域剔除大陸	中共火箭軍向東南移防	中共海軍向東南移防
臺灣舉辦獨立公投，依據藍媒民調，民眾支持獨立過半	臺灣舉辦獨立公投，依據綠媒民調，民眾支持統一過半	臺灣舉辦獨立公投，所有民調與輿論都不支持獨立
美臺正式建交	北約、日、韓與臺建交	澳洲、紐西蘭，或加拿大與臺建交
美計畫提供臺灣核武，臺北表示樂見其成	美計畫提供臺灣核武，臺北拒絕，民意與輿論卻表支持	美計畫提供臺灣核武，臺北拒絕，民意與輿論亦堅決反對
美軍計畫駐臺，規模超過萬人，擁有專屬港口與機場	美軍計畫駐臺，人數約幾百人，都是陸軍地面部隊	美軍計畫駐臺，人數一、兩百人，大部分為擔任訓練的教官

中國大幅、快速減低美債持有率	中國持續、穩定地減低美債持有率	中國收購黃金，國際金價因而大漲
美中相互沒收對方在自己境內的資產	多家中資大型企業撤離美國	多家中資大型企業降低對美投資
兩岸灰色衝突不斷，外資撤離，股市大跌	兩岸領導人相互對嗆，外資撤離，股市大跌	兩岸關係正常，外資撤離，股市大跌
中共在國內外採購大量戰備物資	中共官媒高調宣布戰備物資存量充足	民間媒體報導，中共戰備物資存量充足
美國緊急增加臺灣戰備物資與軍火存量	美國穩定增加臺灣戰備物資與軍火存量	美軍在臺擔任訓練的教官，不明原因緊急撤離
北京下達最後通牒	北京加大反獨促統輿論戰，中共總書記發表「告臺灣同胞書」	中共發言人警告臺獨：勿玩火自焚，勿謂言之不預
多國採取撤僑行動	多國發布旅臺禁令	北京停止大、小三通

中共在臺海周遭舉行大規模、頻繁的軍演	共機每天都越過中線，直接航對臺北，直到領空附近才折返	共機越過中線與環臺的頻率大幅增加
中共航母、戰略核潛艦、火箭軍在臺灣東部海域舉行實彈演習	中共在西太平洋進行高超音速飛彈射擊靶船	中共戰略核潛艦進行巨浪型彈道飛彈試射

表三對「紅、橘、黃」的區分有相當大的討論空間。無論如何區分，總有專家可能持不同的意見。假如你的主觀意識十分強烈，可以拿表三做參考，然後製作一張自己心目中的表格。有了參考表格，比瞎子摸象或隨著媒體起舞要來得可靠。

透過這樣的方式，不僅能夠在面對複雜局勢時更有依據，也能幫助你在分析和決策的過程中更加理性和科學。記住，表格只是工具，最重要的是透過分析數據和訊息，做出符合實際情況的判斷。

第 4 章

民眾戰前準備

敵人都打過來了

如果人民仍在分你我

臺灣還有什麼希望？

武統是一場爭取民心與統治權的有限戰爭，中共不太可能「未曾警告、沒有藉口、不露痕跡」的猝然發動攻擊。當表三的徵候頻繁出現，尤其是等級最高的紅區徵候，只要出現一、兩個，即使民眾再無感，也應該對戰爭有所警覺與準備。

戰爭爆發以後，爲了將家人生命和財產的損失降至最低，事前必須做好準備。網路上相關知識多如牛毛，但大部分未能針對臺海戰爭的特性提供具體指導。這就如同帶著家人外出旅遊，可以是花費幾百萬、耗時幾個月的環遊世界，也可以是兩天一夜的阿里山之旅。同樣是家人外出旅遊，準備工作卻有天壤之別。

同樣的道理，武統時臺灣一般民眾的準備，必須針對臺海戰爭的特性，無須渲染成如八年對日抗戰般的慘烈。這肯定不會是一場「不是你死，就是我亡」的殲滅戰。有關話題，本書第二章有詳實分析，此處摘要結論如下：

臺海戰爭的特性：

1. 有限戰爭：目標有限，傷害有限。

2. 速戰速決：短至數日，長至數週。

3. 軍事手段：外科手術式精準打擊。

戰場瞬息萬變，戰爭一旦開打，任何意外都有可能。話雖如此，若考量臺海戰爭的啟戰者是北京，若無必勝把握，北京不可能輕易啟戰。由於北京自認「必勝」，因此他們有「負責戰後規復作業」的心理準備。不管戰爭進行到什麼階段，北京有能力「說停就停」。從北京的立場冷靜思考臺海戰爭的可能變化，前述三個特性即使不是「十分」的把握，恐怕也有十之八、九。

如果是臺北國安團隊，理應做萬全的準備，即使只有十之一、二，也應絞盡腦汁想一個應變之策。這是基於「居安思危」的原則，防患於未然。然而，對於一般民眾，由於能力與精力有限，且責任不在己，只能量力而為，集中精力針對最可能的十之八、九進行準備。

針對可能爆發的武統，一般民眾所應思考的問題與解決方案，本書建議如下：

選擇避難所

民眾面對戰爭所應思考的第一問題，必然是盡可能遠離戰場。實在沒有能力離開，也要預想在戰爭爆發以前，暫時移居到哪裡生活比較安全？或是戰爭爆發以後，緊急前往哪裡避難？而這三種狀況選擇前往的地點，都是本書所稱的「避難所」。

對於一般民眾，避難所的選擇可以考慮以下六種方案：

1. 出國

臺灣縱深太短，戰時槍炮無眼，再加上「你來我往」的攻守，幾乎沒有一個百分之百安全的地點。另外，可預見戰時社會動亂、治安敗壞，因而毫無疑問「出國」是第一選擇。如果有能力出國避戰，以下幾點應列入考慮：

(1)出國管制：別說戰爭爆發以後，兩岸關係緊繃到「可預見戰爭將至」，政府就很可能管制出國。屆時就算政府不管制，機票會漲到什麼程度？一般民眾買得起、買得到嗎？

(2)經濟支援：越早出國越有保障，但這牽涉到「多早」？若出國的時間太長，有足夠的經濟支援嗎？除非退休在家，或是公司容許你遠端上班，賴以維生的工作容許你離職那麼久嗎？

(3)家庭責任：戰時可能撇開家人，一個人出國嗎？上有老，下有小，誰出國誰留下？每一個人都要考量自己的家庭責任。

(4)選擇國家：假如你的經濟能力容許你選擇不同國家，或你在數個國家都有親友，且都歡迎你前往避戰，應優先選擇離臺海越遠越好，且沒有涉入雙方陣營的中立國家。

歷史上有許多出國避戰成功的案例。例如，第二次世界大戰期間，許多歐洲家庭提前移民美國或加拿大，避開了戰爭的摧殘。現代則有敘利亞內戰期間，數百萬人逃往鄰國，這些案例都強調了提前規劃和迅速行動的重要性。

2. 前往外島

兩岸戰爭時，臺灣本島將會是主要戰場。除了澎湖擁有中共第一擊必須摧毀的軍用機場與飛彈基地，其他如綠島、蘭嶼、琉球，或緊鄰大陸的金門、馬祖、亮島、烏坵等，由於駐軍人數太少，無法左右戰爭勝敗，不會是中共攻擊的主要目標，因而會比臺灣本島安全。

(1) 外島安全嗎？

或許有些人會反對「中共不會攻擊外島」的判斷。例如有沒有可能先拿下小琉球以鉗制左高，或拿下蘭嶼鉗制花東？此類觀點有四個盲點：

① 速戰速決原則：「鉗制」要耗費多少時日才可能「逼迫臺北坐上談判桌」？此

有違武統「速戰速決」的大原則。

②**駐軍人數太少**：不管什麼原因，即使北京決定先拿下某外島，由於外島駐軍人數有限，解放軍大可長驅直入，不會發起類似「第一擊」的慘烈攻擊，因而相對而言，外島必然比本島安全。

③**無須多此一舉**：中共第一擊成功就可順利奪取制空制海權，何須多此一舉先「拿下外島」，再鉗制臺灣某一個都市以奪取制空制海權？

④**孤懸海島的風險**：奪取外島進行鉗制會使中共部隊孤懸海島，風險甚高，不如利用本土長程打擊火力來得安全。

前往外島避戰需要考量的因素與出國類似，主要在經濟、工作、家庭。不過，由於外島距離近，好比綠島、蘭嶼、琉球，不需搭乘飛機，政府也不應管制出入，因而不管局勢多麼緊張，都可以乘坐交通船，或自己花錢租船，載著家人前往避戰。就算屆時當地民宿一屋難求、價格暴漲，也可以搭帳篷露營，或躲到學校、鄉鎮公所、運動中心等公有建築，勉強撐一段時日，就算生活條件不佳，也比留在臺灣本島安全。

(2)選擇外島注意事項：

①實地勘查與規劃：提前進行實地勘查，或利用谷歌地圖的「街景服務」，詳細研究整個島嶼道路兩旁的環境。確保交通與住宿沒有問題，這樣在局勢緊張時無須及早出發，甚至戰爭爆發後也可順利成行。

②群體避難與安全考量：最好呼朋引伴共同前往。戰時即使不在戰區，由於政府忙於作戰，民間治安堪憂。如果只有一家人，遇到歹徒或社會邊緣分子時，保護家人的安全會非常困難。戰時避難，群體越大，安全性越高。可組織多個家庭，事先和漁船約定租金，再集體和民宿議定價格。即使民宿臨時變卦，一群親友聚在一起露天打地鋪，大家相互照應，不僅安全性高，也能減少不必要的衝突與紛爭。

3. 野外露營

這必然是喜愛露營的民衆，開車自行前往的首選。前提是家人偶爾會前往野外露營，擁有全套露營設備。此外，還需考慮以下因素：

(1) **遠離戰時可能被攻擊的目標**：露營地點不要在紅區五公里、橋區二公里、黃區五百公尺之內。由於戰時軍隊可能機動移防，所以露營區附近不要有適於隱藏的「遮蔽物」，好比橋梁，或高大、密集的樹叢。但也不必過於謹愼，因爲中共可能攻擊的移動式軍事目標，多半載有大型重裝備，若道路不夠寬闊、地質不夠堅硬，遮蔽的條件再好，重型車輛也難以通行。

(2) **水源**：選擇靠近溪流或湖泊的露營地，或自行攜帶足夠的飲水。水源是露營的重要考量，確保能夠獲得安全的飲用水。例如日月潭或曾文水庫，不僅水源充足，同時交通便利，不至於過於偏遠。

(3) **交通**：露營區距離住處或上班地點不宜太遠，尤其要考慮戰時的交通狀況，可能會出現橋梁中斷、道路擁塞，或是某些路段因軍事用途而管制的情況。局勢緊張時要有警覺，事先仔細研究地圖，預擬前往的路線，並思考應變之道。例如，選擇多條替代路線以應對突發情況。

(4) 通訊：手機有許多附加功能，幾乎已成爲現今生活不可或缺的隨身物。前往的露營地最好能有手機訊號，否則無法瞭解外界的狀況，自己和親友都會爲安全著急。可攜帶行動電源確保手機不斷電，並考慮帶上對講機作爲備用通訊工具。

(5) 避難包：準備可能需要的糧食、工具、醫藥等，放在背包或手提袋裡，狀況緊急時可迅速帶走。具體需要準備的物品，後續會在「避難包」乙節詳細說明。建議定期檢查並更新避難包內的物品，確保所有物品都在有效期內。

(6) 群聚：最好與親友一起前往，理由依舊是「群體越大，實力越強，籌碼越多，安全性越高」。組織多個家庭共同前往露營，選擇平坦、開闊的草地或空地，確保有足夠的空間搭設帳篷，並進行適當的防護措施。

4. 自宅

第一擊最可能發生的時間在半夜——月黑風高，大部分民眾躺在床上沉睡，人們精神意志最脆弱的時候。這時往戶外移動，必有一定風險，自宅反而能提供較安全的環境。

(1) 自宅的條件：假如你家符合以下兩個條件，應優先選擇自宅作為避難所：

① 堅固的水泥建築：最理想的是鋼筋混凝土大樓，最差的是磚瓦平房，總之，所住的建築物「層層疊疊」越厚、越高、越硬，越能提供保護。

② 遠離危險區：自宅不像空曠的鄉野缺乏硬體阻隔保護，因而與危險區的距離可以放寬，本書建議不要在紅區五百公尺、橘區二百公尺、黃區一百公尺以內。

(2) 第一擊使用的武器：除非解放軍已經跨海登陸，兩岸在臺灣本島進行陸戰，否則中共只能對臺灣進行遠程攻擊，使用的武器概分以下三種：

① 東風系列彈道飛彈：彈頭裝藥約五百至八百公斤，自大氣層外「從天而降」，終端速度接近十馬赫，足以貫穿七、八層樓，造成的「垂直傷害」難以估計，

但水平殺傷半徑低於百公尺。所幸中共不會使用東風攻擊「非軍事」目標，其攻擊誤差，舊式在兩百公尺之內，新款則縮小到五十公尺。因而若距離「可能被攻擊目標」三百公尺以上，基本上可以不考慮東風彈道飛彈的攻擊。

②**衛士系列長程多管火箭系統**：若用於「攻陸」，單一枚彈頭裝藥低於二、三百公斤，使用「多管」著重「面的殺傷」。由於殺傷面太大，不會用於攻擊民間目標，多半針對機場、軍港，或軍隊聚集之處。就算不幸誤擊民宅，其破壞力也低於巡弋飛彈。

③**長劍系列巡弋飛彈**：東風或衛士系統都是針對軍事目標，因而對於中共的遠程攻擊，原則上民眾只需防範巡弋飛彈。巡弋飛彈爲次音速，貼地而來，高精準度，誤差通常在數公尺之內，彈頭裝藥少於五百公斤。其破壞威力因飛行速度爲次音速，破壞力有限，遠遠無法與東風將近十馬赫的超高音速相比。如果命中堅固的建築物，直接在外牆爆炸，穿透力一般不會超越三層磚牆。若關心俄烏戰爭的相關報導，巡弋飛彈對堅固水泥建築物的傷害常見於二、三樓的高

度，炸出三、五公尺直徑大洞，爆炸波震碎附近牆面的玻璃，若「推送藥」未耗盡，接著可能引發大火。由於巡弋飛彈的精準度高，當中共必須攻擊「鄰近民眾生活區」的指揮所或作戰中心，例如總統府、空作部，會優先使用巡弋飛彈。巡弋飛彈的速度慢、高度低，相當於一架低空飛行的戰機，若國軍使用精度不高但射速快的「小口徑快炮」反制，被自己人誤擊的機率反而大。不過，小口徑快炮是「直線彈道」，破壞力連一層磚牆都難以穿透，因此防範巡弋飛彈的重點如下：

A **住處前方有其他建築物：**你居住的地方處於林立大樓之中，前方有其他建築，足以阻擋巡弋飛彈的飛行路徑，此爲最安全的地點。

B **向內躲藏：**若無其他建築物遮擋，選擇適當的躲藏位置，與飛彈「可能來向」至有要有「三面磚牆」相隔，並且「越內」越好；即擁有的「牆面數」越多越好。

C **前往防空避難室：**假如自宅位於大廈的最外層，又不幸前方空曠，這時不妨向下，前往地下防空避難室。根據建築法規，大廈必須設有堅固且多重出口的地下防空避難室。兩岸對立局勢升高時，應要求社區管理委員會徹底清理防空避難室，以作爲居民緊急避難之用。

(3) 自宅優點：選擇自宅做避難所有以下四項優點：

①無須移動：家人不必移動到其他地點，只需關緊門窗盡量往內層移動。試想戰時人心動盪，逃難者多半慌不擇路，大家爭先恐後的結果，交通事故定然大增。倘若第一擊發生在半夜，視界不明，後果更不堪設想。

②經濟實惠：自宅幾乎所有物品一應俱全，避難包所需增購的品項最少，是所有行動選項中最經濟的一種。又因爲是自宅，住起來最順手、舒適。

③適合特殊族群：假如家中有行動不便的老人，或仍在襁褓的幼兒，可能根本沒有選擇，即使生活在紅區附近，也只能待在自宅。

④集體應對：住在有管理委員會的大廈，兩岸對峙一旦升高，委員會應迅速召開會議，群策群力討論戰時應變自保之道。例如，加強門禁管制、防範社會邊緣

人士入侵、加強消防與急救訓練，以及是否應拒絕作戰部隊進駐。戰時「民用物資」，依軍事需求政府可強制徵收，但是從俄烏戰爭，烏克蘭人民成功驅趕俄軍至鄉間的例子來看，住戶齊心協力建立的集體安全意識，有可能改變戰場環境。

5. 親友家

如果自宅不合前述條件，親友住處卻能滿足，戰時可考慮暫時遷至親友住處。反之，假如你有能力，而親友需要幫助，請不要吝於伸出援手。別忘了「群聚」會增加安全。說不定出於「幫人」的初衷，最終卻是他救了你一命。

不要憂心這場戰爭太長，長到至親好友不耐長久磨擦，最終反目成仇。長期、無限戰爭的確殘酷無情，惡劣的求生環境可能會迫使人性盡失，但一場短期的有限戰爭不至於如此。

如果暫時移居親友家，應注意以下幾點：

(1) 禮多人不怪：去親友家時別忘了帶一份禮物，因爲你是「客」。但也不要因爲自己是「客」，凡事都指望主人動手。要有自知之明，瞭解自己「求人」、「寄人籬下」的身分，對於家事要主動分擔，且不管主人提供什麼等級的飲食，都要抱持感恩的心情。

(2) 距離與交通：戰時只要「移動」到其他地點，都要考量距離與交通，那絕不等同承平時期。需要事先思考可能的變化，並預謀應變之道。例如，若距離不遠，摩托車因爲靈活性和經濟性，或許是最好的交通工具。

(3) 安全性：遷至親友家，仍需確保該地點遠離危險區，且具備必要的防護設施。

(4) 互助：主動合作，共同應對突發情況。

6. 難民營

隨著戰爭威脅越來越高，政府不管是主動或被迫，必然會設法在各城市與鄉鎮設置難民營，較可能的場所是學校的教室，有屋頂的體育館與運動中心。假如住處附近有公設難民營，只要路途不遠，且沿途沒有安全顧慮，建議優先前往難民營。

(1) 難民營優點：

① 群聚增加安全：難民營是民眾的群聚地，群聚可以增加安全性。

② 基本生活保障：政府設立難民營，必然會提供基本飲水、食物，以及醫療服務。

③ 降低受攻擊風險：除非難民營藏有作戰部隊，中共沒有理由，也不會浪費彈藥攻擊難民營。

(2) 難民營缺點：

① 舒適性差：難民營的衛浴設施有限，男女老少雜處，是所有避難所選項中最不舒適的一種。

② 混亂風險：若難民營的群眾多到難以管理，應盡早離開，因為戰時民眾的紀律與道德心都差，人數過多可能導致混亂。

(3) 注意事項：

① 耳塞是必需品：難民營人多口雜，耳塞可以降低環境噪音，如此才能獲得必要

表四：避難所考量因素

避戰所考量因素	
出國	最安全，最昂貴
	若無經濟問題，越早出國越好
	選擇前往的國家，離戰區越遠越好
	選擇沒有涉入雙方陣營的中立國家
	國外是否有「可投靠」的親友
	工作容許你離職多久
	政府管制出國以前，及時搭機離開
前往外島	比臺灣本島安全，比出國方便、省錢
	綠島、蘭嶼、琉球優先，金門、馬祖、亮島、烏坵次之
	邀親友一道前往，人數越多越安全
	利用假日進行實地勘查
	選擇適當交通工具
	與當地民宿議定價格
	為防意外，預先選定暫居所或露營地
	即使發生第一擊，仍有可能順利出行
露營	喜愛露營人士首選
	家中有露營相關設備
	邀親友一道前往，人數越多越安全
	與「可能被攻擊目標」之間保有安全距離

露營	附近不要有適於隱藏的遮蔽物
	考量水源
	考量戰時交通
	考量手機通訊
自宅	最省事、省錢、舒適的選擇
	自宅屬於堅固的鋼筋水泥建築
	與「可能被攻擊目標」之間保有安全距離
	若前方空曠，沒有其他建築阻擋巡弋飛彈路徑，最好不要住在二、三樓
	家中有「不良於行」的老人或嬰兒
	清空地下防空避難室
	與大樓住戶共商戰時應變措施
	若有親友要求暫住，不要吝於伸出援手
親友家	最省錢，但欠人情
	不要空手前往，更不要事事都指望朋友幫忙
	即使是客，也要分擔家事
	兩家距離不要太遠
	考量戰時交通
難民營	最不舒適的選擇，然若發生意外，可得到政府最迅速的支援
	距離不要太遠，沿途沒有安全顧慮
	難民人數不要太多
	家中沒有政治狂熱分子

的休息。

② 避免政治爭論：戰時身處群眾之中，切勿對「統、獨」高談闊論。家中若有政治狂熱分子，應盡可能避免前往難民營。大家都在避難，心情難免惡劣，情緒也會激動，此時再對統獨尖聲批評，難保政治立場不同的兩群人不會大打出手。

戰爭期間，人民應該團結一致。如果敵人都打過來了，仍在分你我，臺灣還有什麼希望？

資產處理

戰爭必然會嚴重影響經濟，因此戰前應如何處理手中的資產，也就成爲許多人關心的問題。資產概分爲現金、股票、房地產。本書建議如下：

1. 現金

戰爭一旦爆發，人民爲了避免財產損失，多半會搶購黃金、美金或其他強勢貨幣。由於供需差異太大，政府可能停止公開市場交易，或限制每日交易量，這將導致公開市場交易停滯，黑市價格飆升。這時手中若持有大量臺幣，應如何處置？

(1) **臺幣不會貶值**：對於傳統戰爭，如果戰敗，政府垮了，現金即使不變成廢紙，幣值也會一日三貶。不過，請回頭仔細看這段文字，重點是：如果戰敗，政府垮了。兩岸戰爭，如果臺北勝，臺灣順利獨立，臺幣理應不會垮。反之，如果北京勝，臺灣被迫統一，基於《反分裂國家法》第九條：國家盡最大可能保護臺灣平民生命財產安全和其他正當權益——請放心，臺幣也不會垮。不單不會垮，爲了收攬人心，北京很可能力挺臺幣，會以更高的匯率兌換人民幣。

(2) **現金準備**：戰時社會混亂，信用卡可能無法使用，民間也可能不接受臺幣。對於現金的處理建議如下：

①美金和臺幣：根據家庭人口數概算，每人準備美金兩千元、臺幣兩萬元。例如，四口之家準備美金八千元、臺幣八萬元，以應付戰爭期間的需求。

②黃金：若仍不放心，可再準備一些黃金，或將金飾藏在身上，以備應急之用。

(3)注意事項：

①不炫富：避免引起他人覬覦，錢財不要露白，應低調保管現金和貴重物品。

②分散風險：爲降低風險，應將現金和黃金分開存放。

2. 股票

戰爭爆發時，政府通常會暫停股市交易，屆時無法買賣股票。因此，對於股票的處理只能考慮在戰前，尤其是兩岸局勢緊張時的應對策略。

股市主要在反映「對未來市場的期待」。試想，如果臺北勝利，臺灣實現獨立，可能會失去大陸市場，臺灣經濟的未來將如何？反之，如果北京勝利，可以預見北京將會收攬臺灣人心，理應採取惠臺經濟政策，並鼓勵中資到臺灣投資。

以香港股市爲例。根據二〇一七年香港《文匯報》的報導，香港回歸二十年，股市大盤市值增長了八倍。然而同一時段，臺北股市大盤僅漲了約一點四倍。誠然，自二〇二〇年以來，香港股市受全球疫情爆發，美中貿易緊張，香港政治和社會抗爭事件影響，股市經歷較大規模的波動。然而統一後臺灣股市的走向，應參考香港回歸頭幾年，而非香港股市長期走向。

戰前應如何處理股票，首先要判斷哪一方可能勝出。如果認爲臺北勝利，減低持股是理智的作法，因爲戰後「臺灣獨立」帶來的不確定性，很可能會嚴重打擊市場信心，進而導致股市大幅下跌。反之，如果認爲北京勝利，建議在戰前因局勢動盪而大跌的股市中採取「危機入市」的策略，適時加碼投資可能是正確的舉措。試想以大陸經濟量體之大，協助並扶持臺灣經濟發展，沒可能帶來復甦的機會嗎？

總結來說，戰前對於股票的處置，需根據對戰爭結果的預測進行決策，同時也應考慮個人風險承受能力和長期財務目標。在動盪時期危機入市，謹慎的觀察，靈活的投資策略是不賠錢的關鍵。

3. 房地產

房地產價格的主要決定因素是供需關係，這與股市對未來市場的期待不同。以下是針對武統發生後，臺灣房地產市場的分析：

(1) 基本供需面：臺灣目前面臨的人口結構問題十分嚴重。根據內政部《中華民國人口推估（二〇二二年至二〇七〇年）》報告，二〇二二年臺灣總人口數超過二千三百萬，二〇七〇年將降低至一千五百萬到一千七百萬之間。臺灣出生率全球倒數第一，總人口負成長趨勢難以逆轉，這意味著未來對住房的需求必定下降，空屋率將持續攀升。

(2) 臺獨的影響：假如臺灣獨立，即使北京選擇不干預，臺灣是否從此就能過上安穩平靜的日子？獨立帶來的國際政治和經濟不確定性，必然會影響房地產市場的穩定性。對於投資者來說，這些不確定性會增加風險，進而影響房地產價格。

(3) 統一的影響：如果兩岸統一，人民遷徙自由將大幅增加。臺北作爲華人眼中最和善、文明、適合居住的城市之一，理應吸引許多大陸移民，推動房地產需求上升，進而促使房價上漲。當然，統一過程中的政治和社會變動，也可能帶來短期的不穩定性。

(4) 戰時處理策略：戰時處理房地產的策略應與股市類似，首先要判斷局勢走向：

① 臺北勝利：應考慮出脫手中多餘的房地產，以避免因戰爭破壞、人口外移，以及市場恐慌導致的房價下跌。

② 北京勝利：房地產因兩岸局勢緊張而大跌時，基於戰後大陸人民可以遷居臺灣，物以稀爲貴，房屋漲價有望，此時即使不加碼投資，也不應低價拋售。

臺灣房地產市場受多重因素影響，包括人口結構變化、政治局勢和供需關係。在考慮投資或處理房地產時，應綜合評估這些因素，並根據最新的市場動態和政治局勢做出決策，如此才能在諸多的不確定因素中，保持較高的投資收益和風險控制。

物資儲備

不管選擇的避難所在哪裡，人生不如意十之八、九。有可能根本來不及前往，或覺得情況沒有那麼嚴重而沒有採取行動，也可能受戰時環境所迫，不得不與家人守在自宅。不管什麼原因，自宅永遠是避難所的選項之一，所以只要覺得戰爭可能爆發，就有必要在自宅爲家人準備以下物資：

1. 戰備糧：

放棄每天三餐，有冷、熱食的幻想。戰備糧就是在戰爭期間，讓家人吃一些能夠活下去的「營養必需品」，它的基本條件是「存取方便、簡易處理，且能大量補充熱量」。由於存放於自宅，不必計較重量與體積，但要考量保存期限、缺電時仍可食用，以及在平時，家人也有需要的前提。

(1) **選擇條件**：挑選家人喜歡吃，平常也會吃的食物。另外，爲了避免浪費，應想盡方法在保存期限之前努力食用完畢。

① **餅乾與零食**：各式餅乾與零食，如能量棒、巧克力等，這些食品不僅易於儲存，還能提供高熱量。

② **罐頭食品**：各種水果與蔬菜罐頭、肉乾、肉類罐頭等，保存期限長，且富含營養。

③ **乾果類**：乾果、堅果等食品富含蛋白質和脂肪，能量密度高，適合長期儲存。

(2) **烹飪設備**：由於戰時停電、停瓦斯的機率不低，因而有必要準備一臺可攜式小型瓦斯爐。本書高度建議如果選擇「自宅」做避難所，務必準備一臺瓦斯爐，因爲身處戰時淒風苦雨的環境中，熱食會給予家人一份溫暖與希望的感覺。假如家中備有小型瓦斯爐，戰備糧的範圍可以擴充至米飯、泡麵、速食料理包等。

(3) **份量建議**：

① 自宅爲主要避難所，至少準備十日份戰備糧。

②自宅爲備選避難所，份量可降至三至五日。

(4)生鮮食材：倘若局勢緊繃，在增加戰備糧份量的同時，盡量減少生鮮食材如肉類、魚蝦、雞蛋、牛奶的份量。因爲戰爭期間可能缺電，若家中冰箱存放大量生鮮食材，屆時吃不完、帶不走，放在缺電的冰箱，一、兩天便會腐爛發臭，與其痛心丟棄，不如戰前少買。

(5)活體食品：如果選擇自宅做避難所，而且家裡有足夠大的院子，或甚至還有魚池，可以考慮到傳統市場購買活雞、活鴨、活魚，戰前買幾隻養在家中院子，由於是活生生的動物，飼養得宜可以活幾個月。

2.飲用水：

相對於食物，乾淨的飲水更爲重要，因爲在脫水的情況下，體力會迅速流失，身體免疫力降低，而且不乾淨的飲水更容易罹患疾病。以下是儲備飲用水的具體建議：

(1)家庭蓄水與過濾：如果自宅有自用蓄水塔，再配上逆滲透濾水器，這是最理想的狀況，因爲如此幾乎不必額外準備水源。然而，某些逆滲透濾水器需要電源，而戰時停電機率頗高，因此建議購買一臺高功率「多插頭、多功能」行動電源。每天清晨使用這些設備生產足夠的飲用水，其他時間切掉電源以延續使用時間。

(2)攜帶式濾水器：若家中沒有逆滲透濾水器，可以考慮購買一臺攜帶式濾水器，或稱「桌上型淨水器」。此類設備換一次濾芯可生產數千公升飲用水，絕對能滿足戰時所需。此外，還有重力式濾水器不需要電源，是非常實用的替代選擇。

(3)罐裝飲用水：

①儲備罐裝水：假如覺得上述準備過於繁瑣，也可購買現成的罐裝飲用水。以每人每日三公升計算。例如，選定自宅爲避難所的四口之家，至少要儲備十日份飲用水，因此最低量爲「三乘四乘十」，也就是一百二十公升。可以直接網購送到家裡，若不在意品牌，花費不到臺幣兩千元。

②更新儲水：罐裝水的保存期限通常在一年以上。建議在期限前兩個月新購一

批，再將舊品在兩個月內飲用完畢，以確保飲用水的安全和新鮮。

(4) 其他考慮因素：

① 用水儲備器：考慮購買大型儲水桶，以備在需要時及時儲存大量水源。

② 水質檢測：戰時水源的安全性可能受到威脅。建議準備「手攜式」水質檢測器，隨時檢測飲用水的安全性，確保家人飲用的水源未受污染。

3. 醫療用品：

避難的過程中可能生病或受傷，因此準備適當的應急藥物就有必要，它能在危急之時避免傷勢惡化，或是及時挽救生命。

(1) 基本原則：自宅平時就應備有家人日常用藥，此處只針對「戰時」特殊所需。身處戰爭環境，人們最容易受到的傷害是割傷、外傷，以及不潔淨水源或食物所引起的腸胃道疾病。大體而言要準備以下醫療用品：

① 腸胃藥：由於吃不慣戰備糧，或食物保存不當引發的腸胃炎，有必要準備止瀉

藥與胃藥。

②安眠藥：若家人有緊張憂慮型個性，可準備適量安眠藥，但需要在醫生指導下使用。

③外傷：

A 消毒用品：碘酒、雙氧水、酒精擦片。

B 止痛藥：普通的止痛藥如普拿疼。

C 包紮用品：繃帶、紗布、膠布、防水OK繃等。

(2)其他物品：

①基本急救箱：準備一個包含所有必要醫療用品的急救箱。急救箱內應有說明書，教導家人如何使用各種器材和藥品。

②處方藥：確保家中有足夠的處方藥物，例如有慢性病患者（高血壓、糖尿病等），應備足至少一個月的用量。

③個人防護：準備口罩、手套等個人防護裝備，以應對可能的環境污染或疾病

傳播。

④衛生用品：例如濕紙巾、消毒濕巾、免洗洗手液等，用於保持個人衛生。

(3)搶購應對：兩岸對峙升溫，前述物品必然會引起全民搶購。只要經濟方面沒有問題，及早準備、寧多勿缺是面對戰爭應有的思維。建議分批次購買，避免一次性大量購買引起不必要的注意，同時確保家中有充足的儲備以應對突發情況。

避難包

前一節「物資儲備」，是不管戰時選擇的避難所在哪裡，自宅都須儲備的物資。此節（避難包）是針對戰時，或承平時期遭受地震、火災、水災等意外事件，由於建築物嚴重受損必須撤離，避難包就可以派上用場。

避難包分兩種。一是輕便型，攜帶少量、質輕、使用機率較高的物品。二是大型，用於存放有點重量、體積較大，特別是「非生存必要」的物品。假如前往避難所有一段步行距離，最好使用底盤有滾輪，可輕易推行的大型行李箱。針對這兩種避難包，建議準備的物品如下：

1. 輕便背包

(1) 每人一個：除非是行動不便的老人或小孩，否則每個家人都應準備一個輕便背包。背包的荷重因人而異，選擇大小適中、不妨礙行動，表面最好有鮮明「紅十字」標示的「後背包」。下列攜帶物品，部分「價昂、質重」的由健壯的家人負責，其餘盡可能分配給每個家庭成員。

(2) 隨身物品：

① 通訊：手機、充電器、行動電源。

② 錢包：現金、信用卡、提款卡、身分證、健保卡。

③ 零錢包：有些時候使用銅板會更為方便。準備一小包各式銅板，無須太多，因

爲使用的機率不大。

④鑰匙：辦公室、住家，以及汽機車鑰匙。

⑤貴重物品：存摺、珠寶手飾等。

⑥重要文件：準備防水文件袋，放置重要文件如護照、醫療記錄、保險合約等。

⑦重要檔案：將重要的電子資料，備份至雲端或USB隨身碟。

⑧遺囑：若有什麼祕密藏在心裡，好比哪棵樹下埋了幾塊黃金、比特幣帳户的密碼等，爲免因意外的生離死別而來不及交代，事先寫好遺囑藏在錢包內層。

(3)醫療與清潔用品（若未註明「每人」，表示全家共用，以下皆同）：

①個人日常用藥。

②口罩：每人六片。

③牙刷：每人一支。

④牙膏：一大條。

⑤肥皂：一塊。

⑥毛巾：每人一條。

⑦小包紙巾：每人十包。

⑧紙內褲：每人三件。

⑨毛襪：每人二雙。

⑩塑膠輕便套頭雨衣：每人一件。

⑪衛生棉：有需求的女性，每人十二片。

⑫防狼噴劑：女性使用，每人一支。

(4) **糧食**：由於是短期應急之物，不必在意健康與可口，選擇的基本原則是方便攜帶、即食、常溫保存、高熱量、耐餓、吃得習慣，建議項目與數量如下：

①塊狀巧克力：每人二大片。

②牛肉乾：每人一大包。

③豬肉塊：每人一大包。

④壓縮餅乾：每人一包。

⑤素食選擇：素食肉乾、果乾、蔬果片、堅果類食品。

(5)飲用水：每人一公升。

(6)應急用品：

①小型手電筒：優先選擇頭燈式、LED電筒，次爲小型，類似鋼筆，可插在袋口或衣領的手電筒。

②口哨：每人一支，哨音尖銳、傳播距離遠，適合傳達「我在這」的訊息。如果陷於崩塌的建築物之中，即使沒有受傷，然因空氣中布滿灰塵，大聲求救極不健康。

③耳塞：每人一副。倘若前往公設難民營，由於人多口雜，可能整夜哀嘆聲不斷，若無耳塞恐難以入眠。

④打火機：一支。

⑤火柴：一盒。

⑥迷你型無線電收音機：一臺。無線電收音機是許多避難專家的建議，因爲戰時

可能停電、網路遭到破壞，這時若想瞭解外界訊息，無線電收音機是最可靠的媒界。

⑦萬用瑞士刀：一把。

⑧備用電池：針對手電筒與收音機的電池型號，各準備四聯裝、兩小包，八枚電池。

⑨小型記事本：一本。

⑩原子筆或鉛筆：一支。

(7)其他：

①寵物同行：若有餘力可帶寵物，但要考量管理與飲食需求。

②瓦斯爐：應用範圍廣，除了輕便背包，最好再準備兩個提袋，一個裝可攜式瓦斯爐，另一個放瓦斯罐與鐵鍋，離家時順手帶走。

2. 大型提包

(1) 個人用品：

① 防滑拖鞋：每人一雙。

② 棉質手套：粗厚型，每人一雙。

③ 頭罩式輕便防雨外套：每人一件（若加上輕便背包準備的一件，每人就有兩件）。

(2) 禦寒保暖用品（若為炎熱的夏天，可免）：

① 長袖棉質內衣與內褲：每人一套。

② 羽絨外套：每人一件。雖然失溫對生命會構成很大的挑戰，但臺灣處於亞熱帶氣候，不像動輒零下幾十度的高緯度地區。因而，即使戰爭發生在冬季，一件高品質的羽絨外套也綽綽有餘。

③ 小型睡袋：每人一個。

④ 折疊式鋁墊或塑膠墊：一塊，雙人床尺寸，鋪在地上可隔絕濕氣與水分。

⑤暖暖包：一大包。

⑶糧食飲水：

①保鮮塑膠盒：多個，可當做容器，裡面塞滿巧克力、肉乾、壓縮餅乾、蔬果罐頭等。若有瓦斯爐，可增加肉類罐頭、米飯、泡麵、真空包裝速食品等。

②瓶裝飲用水：六公升。

⑷醫療用品：

①藥物：適量胃藥、止痛藥、消炎藥、止瀉藥、感冒藥、抗生素。

②消毒用品：小瓶食鹽水，適量酒精棉片、碘酒、OK繃、棉花棒、透氣膠帶、紗布，繃帶。

⑸一般用品：

①鋁箔紙：一盒。

②保鮮膜：一盒。

③筷子：每人一雙。

④湯匙：每人一支。
⑤紙杯：兩打。
⑥中型紙盤：一打。
⑦矽膠手套：一盒。

(6)應急用品：

①面罩：兩打。
②防煙面罩：每人一個。
③迷你型無線吹風機：一臺。
④可當棍棒使用的遠距離、聚光手電筒：一支。
⑤無線電對講機：兩臺。當手機無法通連，家人卻必須分開從事不同工作，兩組人各持一臺手機，相互呼叫作爲緊急支援之用。
⑥蠟燭：二長支。

(7)嬰兒用品（若有需求）：

①奶粉、奶瓶、奶嘴。

②尿片、濕紙巾。

(8)手工具：

①大型美工刀：一把。

②小型剪刀：一把。

③平口與十字起：各一把。

④榔頭：一把。

⑤多功能尖嘴鉗：一支。

⑥絕緣膠帶：窄二卷。

⑦手撕膠帶：寬一卷。

⑧鋼釘：短、中、長各一小包。

(9)其他：

①氣枕：每人一個。

②拉圾袋：中型，一包。

③紙巾：二盒。

④濕紙巾：二盒。

前述物品純供參考，其內容和「避難所」地點的選擇息息相關。例如，如果選擇自宅爲避難所，前述大部分物品可以省略；但假如選擇露營，上述物品又缺了很多。另外，每個家庭成員不同、需求各異，若有可能，應先列一張準備清單，再交由家人共同討論決定。

以下是溫馨提示和補充。避難所選擇考量：

1. **自宅**：

優勢：可利用現有物資和設備，不必攜帶過多重物。

建議：準備基本的緊急應急包，確保有足夠的食品、水和藥品；重點在於防範外來威脅和保持資訊通暢。

2. 露營：

優勢：靈活性高，可避開戰爭熱點。

建議：除了基本的應急包，還需要露營裝備，如帳篷、睡袋、露營炊具、便攜式廁所等；應特別注意保暖和防潮。

3. 公共避難所：

優勢：有組織的避難設施和支援，可提供基本食物和醫療服務。

建議：攜帶個人和家庭的基本生活用品，重點在於保持衛生和安全；準備耳塞和面罩以應對擁擠和噪音。

準備清單建議：

1. 基本應急物品：

(1) 食品與水：高熱量、即食食品；至少三天份的飲用水。

(2) 醫療用品：個人日常藥物、急救包。

(3) 應急工具：手電筒、瑞士刀、收音機、打火機、備用電池。

(4) 個人衛生：口罩、消毒濕巾、牙刷牙膏、紙巾、肥皂。

2. 根據需求增加的物品：

(1) 家庭成員需求：根據成員年齡、健康狀況和特別需求，添加相關物品（如嬰兒與老人用品）。

(2) 露營裝備：帳篷、睡袋、防潮墊、露營炊具、便攜式廁所。

(3) 娛樂與舒適：書籍、撲克牌、便攜式音樂播放器等，用於緩解壓力和保持精神健康。

家人共同討論決定：

1. **準備會議**：不定期召開家庭會議，討論避難計畫和物資準備情況。

2. **清單檢查**：制定詳細的物資清單，逐項檢查和更新，確保所有物品狀況良好，並在需要時進行補充。

3. **演練和培訓**：進行避難演練，讓家人熟悉應急流程和物資使用方法，確保在緊急情況下能做出迅速與正確的反應。

網路有販售現成的避難包，內容是一個後背包，再視價格高低，附帶十至三、四十項可能使用的物品。建議讀者上網參考比較，先買一個網購避難包做基礎，再購買欠缺的物品。不過，網購因爲看不到「使用期限」，所以要避免購買食品類，而以沒有時間限

表五：避難包準備物品

輕便背包	
每人1個	
隨身物品	手機、充電器、行動電源
	錢包：現金、信用卡、提款卡、身分證、健保卡
	零錢包
	住處與汽車鑰匙
	存摺、珠寶手飾等
	遺囑
醫療與清潔用品	個人日常用藥
	口罩：每人6片
	牙刷：每人1支
	牙膏：1大條
	肥皂：1塊

大型提包	
視同行人數，分裝1至數個	
個人用品	防滑拖鞋：每人1雙
	棉質手套：粗厚型，每人1雙
	頭罩式輕便防雨外套：每人1件
禦寒保暖用品	長袖棉質內衣內褲：每人1套
	羽絨外套：每人1件
	小型睡袋：每人1個
	折疊式鋁墊或塑膠墊：1塊
	暖暖包：1大包
糧食飲水	準備數個方型、保鮮塑膠盒，必要時可做「容器」，裡面塞滿巧克力、肉乾、壓縮餅乾、蔬果罐頭等
	若有瓦斯爐，可增加肉類罐頭、泡麵、真空包裝速食品等
	瓶裝飲用水：6公升

	毛巾：每人1條	醫療用品	適量胃藥、止痛藥、消炎藥、止瀉藥、感冒藥、抗生素
	小包紙巾：每人10包		小瓶食鹽水，適量酒精綿片、碘酒、OK繃、棉花棒、透氣膠帶、紗布，繃帶
	紙內褲：每人3件	一般用品	鋁箔紙：1盒
	毛襪：每人2雙		保鮮膜：1盒
	塑膠輕便套頭雨衣：每人1件		筷子：每人1雙
	衛生棉：有需求的女性，每人12片（1小包）		湯匙：每人1支
	防狼噴劑：女性使用，每人1支		紙杯：2打
糧食	塊狀巧克力：每人2大片		中型紙盤：1打
	牛肉乾：每人1大包		矽膠手套：1盒
	豬肉塊：每人1大包	應急用品	面罩：2打
	壓縮餅乾：每人1包		防煙面罩：每人1個
	飲用水：每人1公升		迷你型無線吹風機：1臺
應急用品	小型手電筒		可當棍棒使用的遠距離、聚光手電筒：1支
	口哨1支		無線電對講機：2臺
	耳塞：每人1副		蠟燭：2長支
	打火機：1支	手工具	大型美工刀：1把
	火柴：1盒		小型剪刀：1把
	迷你型無線電收音機		平口與十字起：各1把

	萬用瑞士刀：1把		榔頭：1把
	備用電池：8～16枚		多功能尖嘴鉗：1支
	小型記事本：1本		絕緣膠帶：窄2卷
	原子筆或鉛筆：1支		鋼釘：短、中、長各1小包
其他	同行寵物所需用品	其他	氣枕：每人1個
	瓦斯爐、瓦斯罐、鐵鍋		垃圾袋：中型，1包
			紙巾：2盒
			濕紙巾：2盒

制的「器具」爲主。

另外，單一物品的價格差異頗大。例如無線吹風機，價格可以低到幾百元，也可能貴到七、八千元。即使錢不是問題，也要考量體積、重量，以及戰時可能缺電的環境。假如經濟不夠寬裕，承平時期用不到，或是使用機率很低的物品，購買的基本原則都是「越便宜越好」。

2.避難包的擺放位置：

避難包準備好了以後，擺放在哪裡較恰當？這問題首要考慮因素是臺海戰爭「第一擊」最可能發起的時間。這問題已如前述，防衛精神最鬆懈的半夜，所以避難包準備好了以後，屬於每個人的輕便背包應放在臥室，並盡可能擺在「躺在床上，伸手可及」之處。至於大型提包，若避難所不在自宅，建議放在「床」至「出口」的路途中不阻礙通行的牆角，例如客廳門口或玄關隨手可取之處。

3. 定期檢查與更新：

許多物品有使用期限。因而準備完成以後，建議每年一月一日與七月一日，固定半年檢查一次。確保裡面物品沒有損壞、充飽電源，或「將屆使用期限」。至於「將屆」的定義，可參考「六個月之內」；而「替換」的原則是「先買，再換舊品」，並期望在六個月內將舊品使用完畢。

4. 學習急救技能：

除了「硬體」準備，另外應學習急救、包紮、止血、人工呼吸等「軟體」訓練。這些技藝必要時可以自救，也可能挽救家人或朋友一命。學習方法最好透過YouTube教學影片，網路上相關知識包羅萬象，只要用心，幾個小時便能得心應手。

緊急聯絡

理論而言，第一擊發起的時間應該在半夜。但不管什麼原因，萬一發生在白天呢？這時親人四散在工作地點，交通中斷、通訊阻塞，每個人都在擔心親友的安危，於是都在不停地撥手機，這勢必讓原已阻塞的通訊更加惡化。因而對於戰時家人要如何聯絡，事先有必要協調。本書建議如下：

1. **選擇避難所**：不同狀況，如上班、出差、通勤，每個人前往的「避難所」應事先確定。臺灣不大，只要交通系統完整，卽使南北奔波亦不過四、五個小時。第一擊攻擊高鐵與臺鐵的機率不高，因爲北京要負責規復作業。因此，只要有機會，應優先選擇高鐵與臺鐵，趕往最原始選定的避難所。

2. 回報管道：家庭成員無須「相互」詢問，指定單一回報管道，例如都向賦閒在家的爺爺回報安全。這麼做有一個好處，多數家庭都有智慧型手機和有線電話兩種通訊媒介。智慧型手機有多種通訊軟體（如LINE、FB、Telegram），雖然方便，但想要順利通連的條件較多，在混亂的環境中「通聯率」可能低於有線電話。

3. 多層次通訊策略：

(1) 優先使用APP：在通訊條件允許的情況下，優先使用APP（如LINE、FB、Telegram）報平安。

(2) 有線電話：若APP不通，改用有線電話進行聯絡。

(3) 簡訊：若有線電話也不通，再以智慧型手機透過電話系統（而非APP）傳送最簡短的簡訊，例如「OK」給接收方的智慧型手機。

4. **固定回報時間**：事先約定固定回報的時間。例如每準點或偶數時刻（兩點、四點……）傳送「OK」乙次。若接收方逾時一個小時仍未收到「OK」，使用有線電話反向撥打對方的智慧型手機。

5. **保持冷靜**：如果所有聯絡方式都無法通聯，無須過度緊張，因爲問題可能出在戰時混亂的通訊系統。只要事先協調好緊急狀況下家人如何相互聯絡，不妨耐著性子靜觀其變。

6. **緊急聯絡卡**：每位家庭成員攜帶一張緊急聯絡卡，上面列明家人的聯絡方式、避難所地址，以及固定回報時間的約定。

7. **通訊演練**：定期進行家庭通訊演練，模擬戰時通訊中斷的情況，確保每個成員熟悉應急聯絡流程。

以上建議，希望能幫助你在戰時確保家人之間的聯絡，減少不必要的焦慮和混亂。危急之時保持一顆冷靜的心，對確保自我安全十分重要。除了上述的通訊策略，建議定期進行家庭演練，模擬各種可能的緊急情況，確保每位成員都能迅速且有效地應對。同時，準備充足的應急物資和掌握必要的急救知識，也能在關鍵時刻發揮重要作用。別忘了，唯有家人之間的默契和協作，才能在戰時或任何緊急狀況下共同度過難關。

第 5 章

臨戰行動

戰時的生存法則

是盡量低調與躲藏

遠離紛爭與戰場

所謂「臨戰行動」是指臺海戰爭爆發以後，民眾所應立即採取的行動。若要清楚定義它的時段，可界定爲「自中共發動武統，到民眾抵達避難所」之間所應採取的行動。

由於每個人設定的避難所不同，避難所與「可能被攻擊目標」的距離不同，兩種「不同」落實到臨戰行動，自然會有大同小異的差別。不管如何，當收到「中共發動武統」的訊息，首先要做一個關鍵的判斷：這眞的是中共武統的第一擊嗎？

訊息核實與判斷

1. 認知戰或誤判

空襲警報響的時候就代表中共發動第一擊？別說空襲警報，二〇二二年六月，華視跑馬燈字幕出現「新北市遭中共導彈擊中」的獨家新聞，其「文字威力」甚至強過只有「音響信號」的空襲警報。

再例如，二〇二四年一月九日，臺灣總統大選投票倒數計時之際，國防部突然數度以中、英文形式發布「國家級警報」，指中國發射衛星已飛越南部上空。英文訊息還錯稱「衛星」爲「飛彈」，引發民衆恐慌。

即便是政府透過「國家級警報」APP，再配合空襲警報傳達中共攻臺的警訊，也有可能是假訊息。這可能是政府存心欺騙民衆，但也有可能是公家機關做出錯誤的判斷。特別是兩岸現今嚴重對峙，軍事灰色衝突不斷，誰敢擔保不會擦槍走火，形成幾個小時或幾天的局部軍事衝突？例如，類似南韓天安艦事件若發生在臺海，海軍某戰艦在海峽被擊沉，兩岸頓時針鋒相對，接著在中線附近爆發數起大小不一的空戰。若眞如此，原本並無武統意圖的北京，會不會藉此機會順勢進犯臺灣？

世間事沒有「不可能」，關鍵在機率的高與低。武統的第一擊若是軍事行動「逐漸擴大」所成，可以預見臺灣的準備會「一日堅實過一日」，如此武統的效果不會好，對臺灣的傷害卻很大，因爲這將大幅增加規復作業的難度。

2. 第一擊的兩種可能

武統的目標在逼迫臺北坐上談判桌。第一擊的作戰行動，以下列兩種的機率較高：

(1) 直指臺北的斬首行動：即擒賊擒王，進而控制指揮中樞的特攻作戰。

(2) 摧毀全臺防空能力：爲奪取制空，全面摧毀臺灣防空能力，具體作爲是同時攻擊以下目標：

① 雷達站。

② 機場跑道。

③ 防空飛彈基地。

倘若中共攻擊上述三類目標，由於雷達站設置在人煙稀疏的山巔，防空飛彈基地則位於遠離市區的郊外，這兩種目標若「遭受攻擊」，因見證的一般民眾不多，故有誤判的可能。然而，機場人潮眾多、地點確定、範圍廣闊，若跑道遭受大規模攻擊，肯定是正確的新聞。因此，若媒體報導臺灣機場遭受大規模攻擊，應立即聯想到其他兩類目標也已遭到攻擊。一旦這三類目標被摧毀，臺灣制空全失。沒有制空就沒有制海，岸置攻艦飛彈基地便成為待宰的羔羊。這時臺灣剩下的自保之道，就只有悲慘壯烈的國土防衛戰。

不管是直指臺北中樞的特攻作戰，或摧毀臺灣的空中攻擊能力，兩者都具備一個特色：戰爭打到臺灣本土。假如只是在臺灣海峽，或是臺灣周邊海空域的幾艘戰艦、幾十架戰機的衝突，那不是武統的第一擊，倒不如看成「跨越門檻」的嚴重灰色衝突。此類衝突擴散到臺灣本土，最終演變成全面戰爭的機率不高，較可能的結果是雙方突然冷靜下來，同時後退一步，短期內反而讓臺海更加穩定。

當然，世事難料，也有可能由小到大、從點而面，雙方都莫名其妙地捲入一場血腥大戰。但這種「著重報復」、「遠離戰爭目標」的作戰行動，除非領導人喪心病狂，否則針對一場有限戰爭，發生的機率很低。

3. 研判第一擊的三個步驟

以下三個步驟，可作爲是否爲第一擊的參考：

(1) **是否在夜暗**：如果手機乍然傳來「國家級警報」刺耳的聲響，再伴隨著防空警報的陣陣嗡鳴聲，時間卻在白天，應直覺聯想到這是灰色軍事衝突，而不是全面武力進犯的第一擊。

(2) **是否在風季**：每年十一月到次年三月，是臺灣海峽的風季，東北季風之強、海浪之大，我在海軍的感受是刻骨銘心。若關心軍事議題，應會注意到一旦進入風季，海峽軍事演訓的頻率大幅降低。當然，風季也有風和日麗、氣溫回升的時刻，但這種異常氣候不多。典型風季在陸地也會有明顯的感覺，那就是強風、低溫；如果警訊發布在這種時刻，即使是半夜，第一擊的可能性也不高。

(3) **媒體相關報導**：不管是否符合前述兩個條件，首先該做的是立刻打開電視、手機、電腦，瀏覽主要媒體報導。倘若遭受攻擊的地點不是臺北，不是機場，或根本不在臺灣本土，不妨耐心觀察後續發展。反之，如果臺北或機場遭受攻擊，那麼即使發生在風季的大白天，也應該警覺，這可能是中共武統的第一擊！

心理建設

如果確定是第一擊，與其驚慌失措，不如轉個念頭，給自己與家人進行以下心理建設：

1. **再苦的日子也會熬過去**：不必茶飯無心、徹夜難眠，日子總要過下去，也總能過下去。想想我們的父母或祖父母，當年如何熬過八年抗戰？又如何度過國共內戰？只要保持堅定的信念，任何困難都能克服。

2. **這是一場有限戰爭**：主要手段是外科手術式精準打擊。即使你選定的避難所接近紅區，由於中共巡弋飛彈的精準度在幾公尺之內，誤擊民宅的機率不高。即便運氣極差，遇到誤擊，只要選擇堅固的避難所，傷殘致死的可能性不大。你與家人很可能在武統作戰過程之中，只是一群緊張的旁觀者。

3. **這場戰爭與一般民眾無關**：除非是職業軍人、被徵召的後備軍人，或是北京指名的少數臺獨頑劣分子，告訴自己一個重點：這場戰爭和你無關。倘若北京統一臺灣，基於《反分裂國家法》第九條，一般民衆的生命、財產，以及其他相關權益都會受到保障。或是更正確地說，統一前和統一後的差異，只是臺北換了一個行政團隊。臺灣人最差的日子，也不會比今日上海、北京、重慶、成都、福州、廈門的市民更糟，難道大陸那些城市的生活會讓你痛不欲生？

4. **戰時生存法則**：盡量低調與躲藏，遠離紛爭與戰場，你的首要任務是保護家人與自保。清楚明確地告訴自己：你必須依賴自己，也只能依賴自己。如果你不夠堅強、不夠冷靜，情緒失控所犯下的錯誤，可能會讓你終生後悔。

5. **客觀過濾訊息**：如今兩岸都精於認知戰，管他誰發布的新聞，內心都要抱著一絲懷疑的念頭。先看發布單位是綠媒或藍媒？是北京或臺北？接著問：合不合理？再想想它可能引發的效應與結果，是否符合發布單位的立場？假如眞假難辨，謹記一個大原則：冷眼旁觀。

6. 政治問題不應由人民承擔：兩岸問題的根源在於政治體制不同所引發的統治權之爭。所謂「解鈴還須繫鈴人」，這應由政府對政府透過談判解決，而不應訴諸戰爭。之所以訴諸戰爭，是某一方，或雙方政府的失職或無能，總之那不是人民的錯。如果身爲國家機器的一員，職責所在身不由己；但假如是一般民眾，不要受政客蠱惑與利用，更不要加入任何一方的戰局。

7. 保持心理健康：尋找情感支持，與家人和朋友保持聯絡，這些都能幫助你保持積極心態和穩定情緒。

8. 適當的自我照顧：緊張時期，適當的自我照顧是關鍵。確保獲得足夠的休息、營養和運動，有助於保持身心健康，增強應對困難的能力。

立即行動

戰爭發生的第一時間，一般民眾應採取以下措施：

1. 確認家人安全

(1) 不管是否爲第一擊，先叫醒或聯絡家人，確定大家安全，並預做「前往避難所」的準備。

(2) 若有家庭成員在外，應立即聯繫並告知情況，確保他們安全返回家中，或到達安全地點。

2. 持續關注戰況

透過電視、電腦、收音機，或手機等持續關注戰況。由於手機功能繁多，如照明、指南針、地圖、國家級警報，以及各種通訊與媒體APP，幾乎一機在手天下無難事。因而戰時要盡可能延長手機的使用時間，具體做法如下：

(1) 家人手機無須全部開機，只要確保一臺在線。「輪流開機」是延長使用時間最有效的方法。使用中的手機應更換成家人事先協調的SIM卡，而不是換一臺手機就換一個號碼。

(2) 螢幕耗電是最大原凶，進入「設定」功能，將螢幕亮度調到「你所能辨識的最低光度」。

(3) 進入「設定」功能，選擇「電池」至「省電模式」，但不要選擇「超級省電模式」。「超級省電」只留下打電話功能，幾乎關閉所有APP，十分不方便。

(4) 若沒必要，不要使用照相或錄影功能，盡量不要「視訊通話」，也不要看影片或瀏覽網路。

(5) 如果附近沒有Wi-Fi，關閉「Wi-Fi」功能，否則不斷尋找新連線也很耗電。

(6) 關閉鍵盤音效或震動。若無「定位」與「地圖」需求，透過「一鍵省電」關閉定位功能，因爲GPS定位非常耗電。

(7) 選用「續航力」佳的手機。若手機老舊，需要經常充電，不妨換一臺新手機。哪些手機續航力長、充電快，網路上查得到相關資料。建議到通訊行詢問專業人士，換一臺性價比高的手機，同時買一、兩個蓄電量大的行動電源。

(8) 手機功能的設定依品牌而有所不同。試著打開自己的手機，研究上述功能的設定方法，以免戰時因慌亂而做出錯誤設定。

(9) 考慮買一臺「攜帶式太陽能充電板」，在有陽光的環境，可對手機、手電筒充電。

3. 確定為第一擊，避難所在自宅

(1) 緊閉門窗，切斷瓦斯。

(2) 將避難包與可能使用的物品，移至自宅的最內層。

(3) 趁未斷水以前，盡可能將浴盆、水桶，或大型鍋盆裝滿自來水。

(4) 趁未斷電以前，將需要充電的電器用品，例如手機、行動電源、手電筒、無線吹風機等充飽電源。

4. 確定為第一擊，避難所不在自宅

(1) 由於高溫會使尼龍融化而黏在皮膚，造成嚴重的燒燙傷，所以要換著「非尼龍」長袖衣褲；另外，爲避免碎片割傷，衣褲的質地要厚，例如牛仔褲就很理想。穿著厚底防滑球鞋，首選是高筒登山鞋。毛線帽與手套視狀況，若環境惡劣，爲避免被玻璃或碎片刺傷，不管室溫多高都要穿戴。如果天氣寒冷，直接穿著羽絨外套。

(2) 分配家人所應攜帶的避難包，以及臨時察覺有必要帶著同行的物品。

(3) 若聽到爆炸聲，不管自宅多麼危險，暫時躲進建築物最內層。等到爆炸聲消失，新聞報導敵人的攻擊暫停，再關閉總電源與瓦斯，鎖緊門窗，帶著家人盡速前往避難所。

(4) 由於離家前必須關閉總電源，最好清空冰箱裡的生鮮食材。沒必要丟棄，帶著走，抵達避難所以後盡快烹煮，並盡可能在變味之前吃完。這也是爲什麼當兩岸局勢緊繃時，要減少生鮮食材的儲備。

5. 溫馨提示

(1) **緊急通訊計畫**：確保家人之間有一個緊急通訊計畫，包括預定的會面地點和應急聯絡人。如果主要的通訊手段失效，確保每個家庭成員知道該怎麼辦。

(2) **避難所路線規劃**：預先瞭解前往避難所的多條路線，避免在戰爭中被困在被封鎖或破壞的路段，並確保每個家庭成員知道這些路線。

(3) **重要文件與物品保護**：將重要文件（如身分證、護照、房產證書等）和貴重物品（如現金、珠寶）放入防水防火的包裹中，並隨身攜帶。

(4) **心理準備與應對**：戰爭初期，心理壓力巨大。建議進行簡單的心理準備，保持冷靜，避免恐慌，並互相支持。

(5)應急醫療知識：學習一些簡單的急救知識，例如處理創傷、燒傷等，以備不時之需。確保隨身攜帶基本急救包。

前往避難所

1. 避開人潮

可以預見第一擊發動之初，避難人潮會蜂湧而出，人心動盪、交通大亂，這時搶著前往避難所，想必路途多艱、險象環生。不過，若過了啟戰後的三、四個小時，人潮理應下降，社會秩序也可能穩定下來。畢竟第一擊的手段是外科手術式精準打擊，不會是全臺鋪天蓋地的轟炸，等到度過啟戰階段的混亂與緊張，特別是天亮以後，再找適當時機前往避難所。

2. 輕裝簡行

如果開車前往避難所，只要車上有足夠的空間，不妨多帶些物品，大不了抵達目的地以後置於車上備用。假如徒步，或搭乘大眾交通工具，要考量自己的體力與耐性。畢竟這場戰爭的時間不應太長，戰況也不會過於慘烈，幾天至十幾天生存所「必須」，不會很多。不必把「家」帶著走，否則被大包小包困得動彈不得，類似畫面在戰爭的電影片中絕不少見。

3. 低調防衛

戰時政府難以顧及治安，混亂的環境盡量不要充英雄。路見不平，拔刀相助並非不可以，但要衡量「己方」與「對方」的實力。假如有餘力與能力，千萬不要因自私而袖手旁觀。否則，日後當你回憶起那日決絕冷漠的態度，可能會懊悔一輩子。但假如實力不足，基本原則是遠離紛爭，哪裡有人爭執就繞過那裡，甚至往反方向避走。若有人對你大呼小叫、厲聲喝斥，管他誰對誰錯，盡可能先鞠躬道歉，接著盡速脫離現場。

4. 強勢攻擊

實在有人欺侮你或家人，你一再退讓，對方卻步步進逼，最後讓你覺得忍無可忍。只要決定反擊，態度要轉變成「不顧一切」的凶狠。弱者表現出畏首畏尾的樣子，無異鼓勵強者動手；弱者表現出「不是你死，就是我亡」的狠勁，再強的對手都會畏懼三分。當然，這不單是態度凶狠，更重要的是有效的攻擊。抱定不然就不動手，動手就放手一搏，使用最狠的手段，在最短的時間制服對手。

5. 呼叫求救

強勢攻擊講來容易，做來難，有些人就是兇不起來，下不了狠手。若你屬於軟弱的個性，除了三十六計走爲上策，再來就只好大聲求救。戰事剛起，流血死亡的畫面還未進入眼簾，某些路人仍應保有正義感。而且，倘若有人帶頭出面打抱不平，通常會激發別人「路見不平，拔刀相助」的勇氣。

6. 保持耐性

若遇塞車，或因軍事用途而管制通行，請保持耐性。不要大力按喇叭，不要比中指，更不要打開車窗大聲怒吼。你心情不好，想必別人心情也不好。假如別人如此對你，把他當成瘋子，無須理會，甚至點頭向他賠不是。

7. 應對炮火攻擊

雖然機率不高，然若半途遇到炮火攻擊，可採取的應變行動如下：

(1) **就地尋找掩護**：衝進堅固的大樓、翻身藏在水溝之中，或躲到捷運站的「底層」；總之不要暴露在炮火之下，不要待在空曠的街道，尤其不能貼著大樓的圍牆。現今大樓外牆使用大量玻璃幃幕，若因爆炸震碎，砸落下來所形成的殺傷力不容小覷。

(2) **盡速脫離現場**：有限戰爭不會對「非軍事目標」進行「面的攻擊」，更不可能對民宅進行毀滅性打擊，因而若找不到理想的掩護區，請盡速脫離爆炸現場。

8. 避免高架道路

若開車，要避免行經高架道路。除了憂心道路的某一段因轟炸而崩塌，也要防範因軍事用途而進行的臨時管制。高架道路不是高速公路。高速公路即使被封閉，仍可從道路兩側徒步離開。可是高架道路一旦不通，只能活生生地被困在上面，即使棄車也無法攀爬回到平地。

9. 遠離軍車

任何時間、任何地點，只要看到軍車，尤其是大型軍車、坦克、移動式飛彈發射車，不要猶豫，以最快的速度朝反方向遠離。

10. 避免阻礙交通

開車行至半途，若臨時有事而必須停下，盡可能避開車道，以免阻礙其他車輛通行。別理會是否違法，盡量靠外，停到道路兩旁的草地或空曠處。

抵達避難所

1. 避難時間的不可預測性

臺海戰爭爆發以後，「民眾會在避難所困多久」這問題不容易回答，可能幾小時、幾天，也可能一、二十天。這段時間必須面對以下四個問題：

(1) 斷水：中共理應不會攻擊自來水系統，然誤擊導致管路破裂，水公司察覺「水壓」急降，以致緊急關閉供水系統的可能性存在。不過，這種機率不大，且即使發生，也應是局部地區斷水。另外，武統是有限戰爭，政府的行政能力在頭一、兩天難免受到影響，但接下來會慢慢恢復，以致即使斷水，經過幾天以後也有可能修復。若是懷疑這論點，不妨留意處於戰爭狀態下的烏克蘭，不管哪裡遭受攻擊，消防隊與救難人員很快便會抵達。

(2)**斷瓦斯**：這與斷水問題不同，因爲瓦斯外洩可能造成公共安全問題，所以戰爭發生的第一時間，瓦斯公司便可能主動切斷源頭供應，之後再視戰況逐步恢復。

(3)**斷電**：電力傳輸系統是中共攻擊的「紅區」目標，戰時有高度斷電的可能，且一旦發生便是大規模、長時間斷電。別說戰爭結束以前，縱然結束以後也要好一段時間才能修復。

(4)**缺糧**：倘若戰事拖延，好比超過十日，缺糧會成爲全民問題。這時政府應會出面，公告在某些指定地點發放糧食，否則民以食爲天，恐會激起社會動亂。

2. 避難所在自宅

(1) 沉著以對：除非耳聞爆炸聲，無須過度限制家人行動。若治安良好，甚至可以外出採購或撿拾必需品。出門時要注意速去速回，盡可能多人同行的兩大原則。

(2) 斷電：若碰上斷電，取出冰箱裡的生鮮食材加工烹煮；若食材量太大，不妨多加一點食鹽以延長存放時間。而即使沒有斷電，開頭幾日也要優先食用生鮮食材。

(3) 尋常度日：除非臥室位於建築物的最外層，且前方沒有其他建築物遮擋，否則在聽得到爆炸聲響以前，關起窗户、闔上窗簾，安心地躺在臥室的床上睡覺。假如連最鬆懈的睡覺都能如常，其他如看電視、洗澡、上廁所、吃飯，不必做出改變。

(4) 危機應對：聽到爆炸聲，盡速往內層移動，直到警報解除以前，不要靠近建築物的外層。

3. 避難所不在自宅

只要避難所不在自宅，任何地點都屬「不熟悉」的環境，其中除了「出國」，其餘都要優先考量環境的安全。到達避難所以後先在四周逛一圈，觀察附近環境是否因戰爭而改變。戰前或許十分安全，此時若有軍隊駐防，請設法移往其他避難所。另外要勘查避難所的進退路線，不要某路段堆滿了沙包，或被其他人的避難包擋住。

4. 公設避難所

假如是多人共用的避難所，和衆人一起協商哪裡睡、哪裡休息、哪裡烹煮、哪裡屬於誰的空間，語氣和緩，態度不宜堅持，總之同舟共濟、相互扶持、發揮君子精神、格外禮讓老弱婦孺，忍耐不過就是幾天，無須冷酷無情、斤斤計較、堅持己見。

5. 慷慨助人

除非威脅到自己或家人的安危，不要吝於對有需要的人伸出援手，因爲你永遠無法確定戰爭何時結束，也許就在你拒絕別人的下一小時。還有別忘了，戰時人人自危，許多人會爲了家人的生存而不惜鋌而走險，如果你擁有的資源太多，反而易引起別人覬觀，最終陷自己於不利。

6. 居安思危

預想在遭受攻擊時的躲避位置、行進路線，以及必須攜帶的物品。

7. 離開避難所的原則

不管什麼原因，若有必要暫時離開避難所，「速去速回、多人同行」是兩個基本原則。

8. 溫馨提示

(1) 內部管理：確保避難所內部的衛生環境，建立簡單的衛生規範，如垃圾分類、定時清潔，並確保廁所的衛生。

(2) 心理支持：安排家庭成員和其他避難者之間的支持系統，進行簡單的心理輔導活動，減少恐慌，保持樂觀和冷靜。

(3) 教育與娛樂：尤其是有孩子的家庭，安排簡單的教育和娛樂活動，以減少孩子們的焦慮和不安。

(4) 安全監控：安排輪班值守，確保避難所的安全，防範外來威脅和內部紛爭。

(5) 訊息更新：定期與外界通訊，獲取最新的戰爭訊息和政府公告，並及時傳達給所有人員。

(6) 物資管理：建立避難所內的物資管理系統，確保食物、水和其他必需品的合理分配和使用。

第 6 章

意外與應變

身處戰場的民眾

讓自己與家人存活下來才是主要目標

避難所行為重點

由於無法掌握自己與家人的未來，待在避難所是既無聊又艱苦的煎熬。可能你會感覺到生命的脆弱，命運的不可預期和無法控制。也許下一秒導彈從天而降，也或許幾分鐘以後戰爭結束。爲了在如此不確定的環境中保持理智和希望，你應竭盡所能瞭解「避難所」以外世局的發展，包括目前誰勝誰敗、戰場位置、作戰部隊動態、政府行政能力、物資供應、醫療服務、大規模動亂……，以及國際間對兩岸的態度等。

1. 質疑權力中心

只要政府不失職失能，前述資訊都應透過政府的宣傳機構，通過無線廣播、有線電視，以及國家級警報APP向全民傳達。然而，不管資訊的來源爲何，都應抱持懷疑的態度，因爲某些時刻，政府的宣傳可能充滿了謊言與私心。

不要對政府期待過高。政府由一群政治菁英組成，對利害關係極其敏銳。他們有充分詳實的資訊，會對利害做出較正確的判斷，並在第一時間採取反應。對於大多數人而言，最直覺的反應都是「自保」，其次才會考慮到職責。這並非對政治菁英的侮辱，而是人性使然。

2. 尋求客觀媒體

困在避難所的一般民衆，爲了避免被操弄利用，務必有自己的判斷。而爲了獲取正確資訊，首先要有公正客觀的資訊來源。設法尋找一家「立場公正客觀的媒體」。假如考慮戰時環境，較穩定、不受斷電影響的是無線電廣播。例如中廣、ICRT，或甚至對岸的無線電廣播，這是爲什麼無線電收音機，是許多專家建議避難包必備的物品之一。

盡可能找一個公正客觀的媒體，避免偏聽、偏信是第一原則。

3. 理性判斷

要瞭解人性，處於順境中因爲勝券在握，態度比較穩重，講話也比較踏實；反之處於逆境，由於很可能要面對重大挫敗，手段會比較激烈，講話也比較口不擇言。所以對於那種氣急敗壞、指天罵地官員的講話，心裡要多一分懷疑。

4. 慎用無線電設備

戰爭若無法速戰速決，特別是進入陸戰階段，要審慎使用具有發送無線電波的設備，因爲交戰雙方都會利用「偵測無線電信號」作爲搜敵手段。萬一被誤解爲軍事目標，接下來炮彈就可能朝你射來。

5. 靈活應變

掌握外界環境的變化，比別人多知道一些，對未來預做規劃，就可以保證生存的機率比別人高一等。然而，不管能獲得多少正確的資訊，突如其來的意外仍在所難免。保持冷靜、靈活應變，是在這種不確定的戰場環境中生存的關鍵。

民眾暴動

在戰爭或社會動亂時，民眾暴動可能會引發搶劫、焚燒和破壞行爲，如集體搶劫商店、焚燒汽車、破壞公有建築，或藍綠兩派人馬街頭鬥毆、互擲汽油彈等。若遭遇類似暴動，建議採取以下應對措施。

1. 杜絕暴民入侵

(1) **緊閉門窗**：如果你原本躲在建築物裡面，第一動作是緊閉門窗，杜絕暴民入侵。

這是保護自己和家人的第一道防線。

(2) **團結社區**：通知建築物裡面的其他居民，大家聯手採取預防措施。好比帶著消防器材撲滅意外引發的火苗，加強入口防衛，共商應對方法，甚至使用棍棒刀械制止暴民的暴力行爲。

2. 天助自助者

打電話通知政府相關單位派人前來處理，可以嘗試，但是戰時社會混亂，自助永遠是自保的首要原則。依靠自己的力量來確保安全，會比等待外界救援更爲現實和有效。

3. 遠離動亂現場

假如不幸身處動亂的環境，好比露營區或公設難民營，若一時找不到有力的治安機制，首要原則是置身事外，不要輕易介入暴動，並盡可能迅速遠離事發現場。

4. 尋找意見領袖

人生不如意十之八、九，有時候不是想離開就能夠離開。因而**在群聚的避難所，觀察哪些人可能成為意見領袖**。他們通常有身分、有能力，能言善道、主動積極、熱心助人。若發現避難人群中具有這種特質的人，主動跟他接近，事先建立交情，在必要時支持他出面主持公道，並且引導衆人支持他的決定。

5. 警惕小人

人上一百形形色色。只要群體夠大，有「能人」就有「小人」。留意身旁是否有小人，他們喜愛發表零零碎碎的意見，凡事錙銖必較，講起話來都是振振有詞，滿口的「應該這樣、不應該那樣」，而他心中的「應該」，多半是從自己的立場與利益出發。

或許我們就是這種人，只是當局者迷。如何判斷自己是否為小人？一個大原則：是否經常和別人爭執？不管對象是伴侶、家人、朋友，或走在街上不認識的陌生人。假如你隔個三、五天就和其他人起爭執，不管大吵、小吵，或只是鬥嘴、心裡生悶氣，可能你就是小人。

若不幸，避難所存在小人，建議應對方法如下：

(1) **冷靜應對**：無論小人如何挑釁或引發爭執，始終保持冷靜與理性。不要被情緒左右，避免與小人正面衝突。

(2) **沉默是金**：面對小人的挑釁言論，不輕易反駁或爭辯。適時選擇沉默，有時候不回應比反駁更能避免衝突升級。

(3)適當示弱：某些情況下，適當示弱反而能減少小人的攻擊性。對於小人的無理要求或言論，可以適當地退讓一步，避免正面衝突。

(4)尋求協助：若小人的行爲影響到你的權益或安全，可以尋求中立的第三方介入調解。例如，尋找避難所內的意見領袖或負責人，協助解決問題。

(5)團結互助：與其他避難者建立團結互助的關係，共同面對小人的挑釁。團結的力量能夠有效遏制小人的不當行爲，保護群體的利益。

(6)保持距離：盡量保持與小人的距離，避免頻繁接觸。選擇遠離小人活動的區域，減少與其接觸的機會。不參與小人組織或發起的活動，以免被牽連到紛爭之中。

(7)留心觀察：留意小人的言行，瞭解其行動模式和意圖。這樣可以提前預判其可能的行動，及早採取防範措施。

(8)自知之明：自我反省，假如屬於小人個性，奉勸避難所不要選擇群眾聚集之處。因爲承平時期的爭執，多半是利益之爭，君子會禮讓你；戰時的爭執卻可能涉及生死，即使君子，也斷無禮讓的道理。小人在動亂的環境中容易引發衝突，進而掀起暴動，不管最終的結果是什麼，對群眾都是傷害。與其如此，不妨待在自宅，於己於人都有正面效益。

(9)防人之心：制定應對小人的具體策略，提前思考應對方法。例如，設置安全區域，確保緊急情況下能迅速避開小人的威脅。在不得不和小人交談的狀況下，注意保護個人訊息和隱私，避免日後衝突時被其利用或攻擊。

更換避難所

戰爭期間，軍事目標通常是靜止不動且無法移動的定點，例如機場、港口。然而，部分軍事目標可以機動移防，例如作戰部隊和機動飛彈發射車。如果避難所原本屬於安全區，但因軍隊調度而變成可能遭受攻擊的區域，應立即轉往其他避難所。新避難所的選擇需要考量以下因素：

1. 距離

若缺少交通工具，距離應爲第一考量。選擇一個步行可以到達且相對安全的避難所，避免長途跋涉暴露在危險之中。

2. 確認新避難所的條件

出發前最好先確認新地點符合避難所的條件，包括是否具備基本生活設施、安全性和容量。可以通過可靠的訊息來源，瞭解新避難所的及時情況。

3. 規劃前往路線

前往路線應盡可能避開軍事目標區或動亂區，選擇相對安全且人流較少的道路。提前規劃多條備選路線，以應對突發情況。

4. 移動過程中的安全考量

移動過程中無法隱藏，暴露機率大增，也難以全面考量自身安危，這是整個避戰過程中最危險的階段。因此，前往新避難所時需要考慮以下事項：

(1) 避開高風險區：例如軍事設施、主要交通幹道，或是可能的戰鬥區域。

(2) 團隊行動：盡量與家人或其他避難者一起行動，形成小團隊，互相照應，增加安全性。

(3) 保持低調：避免引起不必要的注意，穿著低調，不要配掛顯眼貴重的物品。

(4) 準備應急物品：攜帶基本的應急物品，如水、食物、急救包和通訊設備，以應對途中可能遭遇的困難。

(5) 避免夜間移動：夜黑風高，治安不良時容易引起歹徒侵犯、搶劫、攻擊。若非必要，避免夜間移動。

5. 溫馨提醒

(1) 瞭解軍事動態：定期瞭解軍事動態，尤其是軍事目標的變化情況，及時掌握前線情報，為選擇新避難所提供依據。

(2) 多管道訊息搜集：通過多管道搜集訊息，包括官方公告、無線廣播、可信賴的新聞媒體等，綜合判斷避難所的安全性。

(3) 設立應急計畫：制定詳細的應急計畫，包含多條逃生路線和備選避難所。確保家人和同行者都清楚應急計畫的具體內容。

(4) 建立通訊聯絡：移動過程中，保持與外界的通訊聯絡，隨時報告自己的位置和狀況，確保在遭遇緊急情況時能夠迅速獲得救援。

(5) 心理準備與支持：移動過程中做好心理準備，保持冷靜，提供相互支持，減少恐慌和不安。

(6) 環境評估：到達新避難所後先進行環境評估，確保避難所的安全和居住條件。觀察周圍的設施和可能的危險源，確保能迅速應對突發情況。

身處被攻擊區

戰爭期間身處被攻擊區的徵候，最明顯的是聽到爆炸聲，甚至炮彈飛行的「咻」聲。如果可以親眼目睹炮彈爆炸，不要猶豫，立即採取以下動作：

1. 遠離窗戶，尋找內層避難

帶著輕便型避難包立即往建築物最內層或地下避難室，即使那裡已不屬於自宅的範圍。避免搭乘升降梯，別以爲升降梯速度比爬樓梯快，那時平時，被攻擊時居民爭先恐後，可能每層樓都有焦慮等待的民眾，層層停、人人擠，速度或許比爬樓梯還要慢。因而只要身體健康，腳力沒問題，爬樓梯是第一選擇。

2. 避開玻璃物品

避開大片玻璃，以免被震碎落下的玻璃刺片割傷。遠離可能受到爆炸衝擊的窗戶和玻璃門。

3. 郊外尋找掩護

若在郊外，奔赴最近的掩體躲藏，好比巨石後方、橋梁下方，或鑽入溝渠。若四周空無一物，就地撲倒，兩指堵住耳孔，全身盡量貼緊地面。專家建議胸口微微撐起，以避免爆震傷及胸腔，其實，更重要的是盡量貼緊地面，以減少身體暴露面積。

4. 室內尋找安全位置

若在室內，蹲坐在牆角，兩指堵住耳孔，嘴巴微張，身體不要和牆面接觸，以免強烈的震波撞擊胸腔導致內傷，或瞬間產生的巨大壓差造成肺部受傷。假如不耐久蹲，可準備一張小板凳坐著，總之不要站起來，那會增加身體暴露的風險。

5. 避免直視窗戶

如果躲藏地點有對外的窗戶，避免直視窗戶，因爲那無法阻擋建築物外因彈藥爆炸擊碎窗戶，高速射進來的彈片。找一個看不到窗戶的地點，或移動厚硬的家具擋在你與窗戶之間。

6. 躲藏處受損的應對

萬一躲藏處被炸損或坍塌，由於瓦斯管可能斷裂，空氣中存在易燃氣，或身旁有易燃液體，所以不要使用打火機照明。若沒戴口罩，不要撢除身上的灰塵，那可能被吸入傷及呼吸管道。若想要吸引救援人員的注意，較有效的方法是吹哨子，或使用硬物敲擊金屬。避免大喊大叫，那不單費力，更易吸入大量濃煙與灰塵。別認爲自己受困的環境不難施救，你應很快能獲救，或許附近充滿了待救的難民，縱然消防隊或救難人員趕到，你的排序還在後面。由於無法預期會受困多久，有必要在附近尋找飲用水與食物。

7. 應對核生化攻擊

無須過度憂心核生化武器的攻擊，一來有限戰爭不會使用這種大規模、泯滅人性的殺傷武器；二是即使使用，一般民眾也難以防範。唯一的自保之道是「盡可能隔絕與外界的接觸」，例如緊閉門窗，關閉通風與空調，移身建築物最內層，前往的路途中關閉每一扇門窗，並確保全身上下都有密實的衣物遮蓋。

8. 等待安全信號

直到爆炸聲消失，警報解除，並有明確的救援指示，否則持續待在同一個地點耐心等待。

9. 探討被攻擊原因

等待的過程中不妨思索一個問題：爲什麼這裡會遭到攻擊？若想不透，危機過去以後迅速在附近勘查一遍，詢問可能知情的警消人員。如果確定「目標」已經被摧毀，同一地點或許是最安全的地方，否則考慮更換避難所。

身處戰區

這狀況有兩種可能，一是身處空戰區，也就是雙方戰機在正上方空域進行對抗；另一是身處陸戰區，也就是雙方地面部隊在附近進行攻防戰。

1. 空戰區

民眾莫可奈何，甚至無法判斷戰機準備攻擊的目標，此時應按照前一節「身處被攻擊區」的指導方針行事：

(1) **尋找掩護**：迅速進入地下室、堅固建築物，或防空洞。

(2) 遠離窗戶：避免靠近窗户或玻璃，以防爆炸碎片傷身。

(3) 保護頭部：用手臂或其他物品保護頭部，防止受傷。

(4) 避免移動：空戰結束以前，不要外出或進行不必要的移動。

2. 陸戰區

如果是陸戰，又分兩種情形。

(1) 中共空降特戰兵與國軍對峙

理論而言，中共特戰兵的人數應遠少於國軍。縱然如此，北京可能坐視此一小部軍隊被國軍殲滅或虜獲嗎？如果不可能，可預見的增援火力或兵力會接踵而至。

民眾自保之道如後：

① 緊閉門窗：關閉所有門窗，遠離窗户，關閉電源與瓦斯總開關。

② 隱蔽行動：避免製造聲響和光線，盡可能待在安全地點不要輕易移動，甚至連

寵物都要管好。不要因好奇而掀開窗簾一角往街上窺視，不要有「影子」在窗簾的後方晃動，讓敵人懷疑此處藏了狙擊手而朝你攻擊。

③ **遠離軍隊**：敵人如果在現場，對實際情況大致還能掌握，可怕的是遠距離偵測與攻擊。中共對臺灣的監偵能力全面，武器精準、殺傷力高，不要讓自己躲藏之處成爲「標定」的遠距攻擊目標。例如附近發出類似炮火的閃光，或出現類似軍事裝備。如有軍隊臨時移防附近，考量集合住户之力，聯手要求軍方離開，以避免成爲攻擊目標。

(2) 雙方地面部隊進行攻防戰

如果雙方地面部隊在避難所附近進行攻防戰，代表解放軍已經成功登陸，臺灣的某幾個灘頭、港口，或機場受到解放軍的控制，後續作戰部隊得以源源不絕增援。武統打到這境地，坦白說，由於兩岸軍事資源差異太大，國軍大概只剩下「敗」與「慘敗」之別。這時行動請參考以下三點：

① **遠離戰區**：迅速遠離戰鬥區域，並且避免接近任何軍事設施或裝備。

② **尋找安全地點**：若雙方激烈交火，這時離開避難所反而危險，盡可能移身更安全的地點，例如地下室、堅固建築物或防空洞。

③ **保持低調**：避免與人發生衝突，低調行事，不要試圖加入戰局，以現今武器的殺傷力，民眾與正規軍相搏無異以卵擊石。

人性的黑暗

戰爭期間人性受到生存的壓迫，往往會暴露出黑暗的一面。原本大方的人可能變得小氣，寬厚的人可能變得計較，仁慈的人可能變得殘酷。爲求自保，行事應注意：

1. **自立自強**：不要對他人抱有過高的期望，凡事以自我約束、自立自強爲主。
2. **保持低調**：少開口求人，少管別人的閒事，不與他人爭論是非對錯。低調、低調，再低調，不單和陌生的路人如此，甚至和熟悉的家人也如此。

3. 冷靜應對：面對緊急情況時保持冷靜，迅速做出合理的決策。

進入長期消耗戰

若戰事發展至「長期消耗戰」，考慮到兩岸軍備的數量和武器的殺傷威力，那將是人類歷史上空前的浩劫。這樣的慘劇，將是全球華人最沉痛的悲哀。假如國父孫中山先生地下有知，他可能會爬出墳墓哭泣、吶喊。

雖然這種情況的機率看似很低，但我們不能輕視它的可能性。國軍雖然規模較小，但臺灣有一個強大且別有用心的大朋友——美國。**如果臺北被華盛頓威脅**、**掌控和利用，今日烏克蘭，明日臺灣，我們幾乎可以預見**。

美國在全球爲了自身利益進行的軍事干預，常常導致長期的戰爭和巨大的人道災難。一九五〇年朝鮮戰爭爆發，美國以聯合國的名義介入，支援南韓對抗北韓和中國。這場戰爭使朝鮮半島陷入長期的分裂和對峙，並造成數百萬人的傷亡。二〇〇一年，美國以反恐的名義入侵阿富汗，推翻塔利班政權，長期駐軍。這場戰爭持續了二十年，耗費了大量資源和人命，最後以美軍撤退、塔利班重新掌權而告終。

歷史多次證明，若臺灣受美國操控捲入臺海戰爭，後果不堪設想。果眞如此，戰事進入長期消耗戰，民衆的自保方法應類同「身處戰區」的指導方針。不論你的政治立場如何，不要和不同信仰的親友爭論，也不要嘗試加入戰局。聽到槍聲炮響，直覺的反應是迅速朝「反方向」移動。

這不是勇敢或膽怯的問題，而是要明白，即使視死如歸，是否能改變戰場的結果？生命應該結束得有意義，有價值，而不是成爲廉價炮灰，爲美國的霸權獻身喪命。

長期消耗戰的影響將不僅限於戰場上的傷亡，更會撕裂社會，摧毀無數家庭。我們需要以更高的智慧——避免臺灣成爲美國的棋子，最終又淪爲棄子；更大的勇氣——認知兩岸軍事實力差距太大，不會盲目地喊打喊殺；如此才能避開戰爭，爲和平的未來、兩岸的共榮共富努力奮鬥。每一個人都應該珍惜生命，爲自己和家人的未來謀求生存之道，而不是成爲大國博弈的犧牲品。

第 7 章

戰後規復

不論誰勝誰敗

民眾都應冷靜地接受現實

戰爭會大規模地破壞生活機能，例如停水、停電、停瓦斯、橋梁坍塌、道路中斷、建築物損毀、公權力不彰、治安敗壞、銀行領不到錢，或是有錢也買不到所需的物品等，整個社會充滿恐慌的氣氛，人與人之間相互猜疑、敵視。

戰爭的殘酷不僅體現在物質上的損失，更體現在人性的扭曲和社會秩序的崩潰。在這樣的環境中，家庭破碎、親人離散，許多人將承受失去親友的痛苦，甚至面臨生死存亡的挑戰。公共設施的癱瘓會使得基本的生活需求無法得到保障，醫療服務中斷使得受傷和患病的人無法得到及時的治療。戰爭的陰影會深深烙印在每一個人的心底，長期影響人們的心理健康和社會信任。

戰爭結束以後，政府有責任盡快恢復社會秩序，讓人民重回正常的生活。然而，人民絕非袖手旁觀的第三者，每一個人都應爲規復盡一分心力。戰後重建需要全社會的共同努力，從清理瓦礫、重建家園，到重建社區信任和修復社會關係，每一個人都應在自己的能力範圍內貢獻力量。

戰後的復原工作雖然艱鉅，但正是這些努力讓社會得以重建，讓人們重新找到生活的意義和希望。每一個人都應該參與其中，爲了更美好的未來而努力奮鬥，共同創造和平與繁榮的家園。

臺北 VS 北京

如果解放軍獲得勝利，爲了穩定統治，安撫全球華人對武統的質疑，北京勢必會認眞地推動臺海戰後的規復作業。反過來，如果國軍獲得勝利，臺北也必須面對規復作業。現在討論一個嚴肅、現實的問題：爲了迅速完成規復作業，北京或臺北，哪一方更有能力？

假如臺北勝，臺灣成功獨立，可以預見兩岸將斷絕大部分經貿往來。這時臺北卽使有心推動大規模的規復措施，恐怕也「心有餘而力不足」。至於國人寄望甚殷的美國，由於臺灣失去「代理人戰爭」的角色，從此恐會從棋子變成棄子。

美國置棋子於不顧的前例，史不絕書。當然，也有可能美國繼續支持獨立後的臺灣，協助國軍建立更強大的戰力。果眞如此，請問美國如此做的目的是什麼？不正如今日，培養臺灣打一場代理人戰爭的實力，用以牽制崛起的中共，進而大賺軍火財？若美中臺關係發展到這境地，**臺灣的國防完全依賴美國，民眾隨時生活在中共武力的威懾之下，這種日子是追求「臺灣人當家做主」的臺獨人士所期望的嗎**？

反之，如果北京勝，臺灣納入中國版圖，在中共發動「中國人殺中國人」戰爭的前提下，北京領導人心底會不隱藏著對臺灣人的一絲虧欠？對北京而言，臺獨固然可惡，但是臺灣人並不可惡；而且不要忘了，臺灣非臺獨。檯面上的臺獨頑劣分子只是一小撮人，就算要清算，也只是極其少數的一部分。對於其他絕大多數善良、認眞工作、爲小日子拚搏的臺灣人，由於北京領導階層絕無「趕盡殺絕」的意圖，反而會盡快恢復臺灣秩序，以安撫受創的人心，所以會耗費更大的心力，投入更多的資源，全力推動戰後規復作業。

再想想中國的經濟實力，戰後哪一方更有能力，對臺灣進行更大的規復彌補？

總體而言，若臺海戰爭後需要進行規復作業，北京在經濟實力和資源調動方面具備更大的優勢，更有能力迅速推動戰後的重建和恢復。而臺北在面臨經濟斷絕和國際支持不穩定的情況下，可能無法有效進行大規模的規復作業，這將對臺灣未來的發展帶來重大挑戰。因此，單純考慮戰後重建能力，北京顯然具備更強的實力和資源來完成此任務。

冷靜接受現實

無論誰勝誰敗，武統結束以後，民眾都應冷靜地接受現實。戰爭已經帶來無數的傷痛和破壞，這時候更需要我們以理性和務實的態度面對未來。

如果臺北勝利，臺灣順勢獨立，而你堅決支持統一，本書眞誠建議你放棄臺籍，移居大陸，落地生根做一個道地的中國人，並爲你所信仰的國家貢獻力量。

如果北京勝利，臺灣被統一，而你堅決支持獨立，本書同樣眞誠建議你移居國外，無論去哪個國家，北京都不會阻攔，請繼續爲臺灣的建國而努力。

無論最終結果如何，如果你決定留在臺灣，就應該接受並融入戰後的政治體系。過去二十年，臺灣因爲藍綠惡鬥而停滯不前，內部相互掣肘，選舉時政客挑動族群仇恨，選風敗壞。政務官員狂妄自大、目無法紀、無視民意，貪污腐敗幾乎成爲常態。對於這種現狀，你還能忍耐多久？

或許你年事已高，餘生所剩無幾，但是否爲兒孫的未來考慮過？經過武統的洗禮，塵埃落定後，我們需要一個團結的社會。統一又如何？獨立又如何？你還是你。不管在統一或獨立的旗幟下，臺灣人需要團結一致，不分彼此，共同打造美好的未來。

如果你有不同的意見和想法，這個世界是自由的，你可以選擇移居到任何一個國家，在任何一塊土地上推動你心中的理想。不要再在臺灣這片狹小的土地上說三道四，空談理想，講得義正詞嚴、冠冕堂皇，實際上做的卻是自私自利、違背良心的事。

戰後的重建需要每一個人的努力與智慧。我們應該擺脫過去的分裂與仇恨，團結起來，爲共同的目標而努力。只有這樣，才能讓臺灣從戰爭的陰霾中走出來，重建和平與繁榮的社會，爲我們的子孫留下值得驕傲的家園。

積極參與重建

能力越大，責任越重，這是做人的基本道理。戰後對於臺灣的重建，除了政府帶頭推動規復作業，人民更應有錢出錢，有力出力，讓臺灣早日重回往日美好的時光。

戰後可能有一段時間，政府無暇他顧，人心浮動、公權力不彰。在這種環境下，人性的黑暗面很容易浮現。假如民衆對不公、不義、不法抱持袖手旁觀的態度，結果只會是惡人得逞，老實人受欺侮。

爲了避免自己或家人受到惡人的欺侮，每個人都要額外付出一分心力。例如，路見不平不要沉默，要勇於發聲；看到不法事件，即使沒有能力制止，也要積極檢舉；倘若親友從事非法勾當，即便不能大義滅親，也要嚴加勸阻。

每個人的行動都至關重要。如果大部分人民對社會都有一分期待，並將公理正義視爲自己的責任，那麼「柬埔寨詐騙事件」這樣的悲劇就不會發生在臺灣。我們需要一個「人人都能夠爲正義挺身而出」的社會，這樣才能確保社會的安定與和諧。

積極參與戰後重建，是每個臺灣人的責任與義務。無論是出錢還是出力，無論是對抗不公還是維護正義，每個人的努力都能讓臺灣更快恢復生機。

體制內改革

如果對戰後的政治體制或社會仍有不滿，而自己又沒有能力離開臺灣，那麼請考慮加入體制，從內部進行改革。這是最務實且有效的方式來實現改變。

1. **參與政治**

對政治不滿嗎？請積極參與民代選舉，或擔任政治人物的助理，將你的理想訴諸民意。參與政治，讓你在決策過程中發揮影響力，推動社會進步。

2. **投身政府**

對政府不滿嗎？請投考公務員，從基層做起，靠自己的腳踏實地與努力，逐步爭取上級的信任並升遷。通過在政府內部工作，你可以推動更加公平、公正的政策，改善公共服務。

3. **從軍報國**

對國防不滿嗎？請攜筆從戎，加入軍隊，將保家衛國視爲己任。當國家需要時，不惜拋頭顱、灑熱血，爲臺灣的安全與穩定貢獻一己之力。

4. 實際行動

在體制外批評抱怨是沒有用的，那只會讓親友覺得你怨天尤人。加入體制，從內部改革，這才是負責任且有效率的做法。可悲的是，許多年輕人離開校園時都滿懷理想，然而一旦進入社會的大染缸，受到名利的誘惑，最終成爲自己曾經痛恨的那種人。因此，保持初心，堅持自己的理想，不被外界的誘惑所動搖，尤爲重要。

體制內改革需要毅力和耐心，這是實現改變的最佳途徑。無論是參與政治、投身政府，還是加入國防，每個人在自己的崗位上，都可以爲臺灣的未來做出貢獻。讓我們共同努力，爲後代創造一個更公平、公正、繁榮的社會。加入體制，從內部推動改變，是我們每一個人應盡的責任和使命。

規復作業指標

無論武統結果如何，規復作業都勢在必行。規復並非遙不可期，如果政府有效推動，人民同心協力，或許幾週內便可達成。以下是具體的觀察指標：

1. 國家機器正常運作

軍、公、教、警、消等各行業恢復正常上下班，確保國家機器順利運作，恢復社會秩序。

2. 解除戒嚴

解除戰時戒嚴狀態，讓人民的生活自由度不再受戰爭法規的限制，恢復正常的社會運行。

3. 取消出國管制

政府取消出入境管制，機票不再一位難求，價格回歸市場預期，民間恢復出國旅遊。

4. 開放股市

股市恢復交易，指數穩定不會劇烈波動，投資者信心回升，經濟活動逐步恢復。

5. 開放匯市

匯市恢復正常運作，幣值回到戰前水準，穩定金融市場，促進經濟復甦。

6. 物價平穩

市場供應充足，物價穩定，能夠滿足民眾的基本需求，保證民生安定。

人生多舛，世事難料。兩岸倘若走向戰爭，不管誰勝誰負，衷心期望戰後我們能夠一起共同努力，爲臺灣的重建貢獻力量，早日恢復和平與繁榮的生活。

後記・民眾的憤怒

「兩岸如何避戰」是近期國人關注的大事，二〇二二年十月，「公民監督平臺」舉辦「二〇二二關鍵研討會」，邀請多位學者專家討論避戰的話題，其中包含前副總統呂秀蓮。由於獲邀來賓都是一時之選，我專程趕往臺北，希望能從來賓的發言中吸取新的觀念。

畢竟只是研討會，針對來賓發言，現場民眾不管支持或反對，都應保持冷靜、理智的態度。卻不料，那天在呂秀蓮發表言論以後，現場一位民眾搶著起身講話。

看他的年紀，應該比我年輕幾歲。開始講話時還能保持冷靜，內容大意是：「我聽到很多人講兩岸戰爭的可能，但對於避戰的內容卻沒有說得很清楚。我對兒子說：接到兵單，拒收，拒報到，等著法院傳你。」言外之意，拒絕服兵役就是他心中有效的避戰方法。

聽完他的意見，呂秀蓮回應：「我尊重言論自由，但是如果照你的說法，戰爭發生時你要大家投降嗎？」聽到這，這位民眾頓時失控，以幾近怒吼的音量，完全沒有討論餘地地痛罵民進黨和蔡英文。

我心裡暗暗失望，對這位民眾十分不滿。這種對話只會增加彼此的仇恨，完全違背討論會的初衷，也解決不了任何問題。我沒有再聽下去，趁中場休息時離開。

回家後我久久不能釋懷，特別是對那位在現場發飆的民眾，他讓我白跑了一趟臺北，也把我一天的心情都破壞了。可是，當晚躺在床上，我猛然想通了一件事，讓我對這位民眾的印象徹底改觀。

請留意他講的一句話：「我對兒子說，接到兵單，拒收……。」這代表什麼意思？他是一位「兒子即將服兵役的父親」。請設身處地想一想：你的兒子即將當兵，原本只有四個月，現在卻要延長到一年。

役期延長其實是次要的，麻煩的是兩岸正走向戰爭，他兒子有多高的機率在服役期間被送上戰場？果眞開戰，兩岸軍力差距如此懸殊，他兒子豈不是等著當炮灰？

原來他不是一位「憤怒失控的民眾」，而是一位「擔心受怕的父親」。想清楚了這一點，我深深同情起他的處境，也明白他爲何如此痛恨民進黨。

這位憤怒父親的背後，是對兒子安危的深切擔憂和對未來的不確定感。他的心情代表了無數家長的焦慮與恐懼。在這個動盪的時代，每一個人都面臨著巨大的壓力和挑戰，無論政治立場如何，我們都應互相理解，攜手努力，尋求和平的解決方案，爲下一代創造一個沒有戰爭威脅的未來。

（完）

歷史與現場 364

阿共打來這麼辦：面對中共武統 全民安全防護手冊

作　者─黃征輝
主　編─謝翠鈺
責任編輯─廖宜家
行銷企劃─鄭家謙
封面設計─兒日設計
美術編輯─李宜芝

董 事 長─趙政岷
出 版 者─時報文化出版企業股份有限公司
108019 台北市和平西路三段 240 號 7 樓
發行專線─(02)23066842
讀者服務專線─0800231705
(02)23047103
讀者服務傳眞─(02)23046858
郵撥─19344724 時報文化出版公司
信箱─10899 台北華江橋郵局第 99 信箱
時報悅讀網─http://www.readingtimes.com.tw
法律顧問─理律法律事務所 陳長文律師、李念祖律師
印　刷─勁達印刷有限公司
初版一刷─二〇二四年七月二十六日
定　價─新台幣三六〇元
（缺頁或破損的書，請寄回更換）

阿共打來這麼辦：面對中共武統 全民安全防護手冊 / 黃征輝著 . --
初版 . -- 臺北市 : 時報文化出版企業股份有限公司 , 2024.07
面 ;　公分 . -- (歷史與現場 ; 364)
ISBN 978-626-396-527-0(平裝)

1.CST: 兩岸關係 2.CST: 戰爭 3.CST: 民防 4.CST: 國防教育

573.09　113009597

ISBN 978-626-396-527-0
Printed in Taiwan